BUDDHA @WORK

Den BERUFSALLTAG gelassen und achtsam MEISTERN

ISBN 978-3-8434-1147-9

Sandy Taikyu Kuhn Shimu:
Buddha@work
Den Berufsalltag gelassen und
achtsam meistern
© 2014 Schirner Verlag, Darmstadt

Umschlag: Silja Bernspitz & Simone Fleck,
Schirner, unter Verwendung von #174238733
(Africa Studio) und #93175468 (apiguide),
www.shutterstock.com
Satz: Simone Fleck, Schirner
Redaktion: Katja Hiller, Schirner
Printed by: ren medien, Filderstadt,
Germany

www.schirner.com

1. Auflage Oktober 2014

Alle Rechte der Verbreitung, auch durch Funk, Fernsehen und
sonstige Kommunikationsmittel, fotomechanische oder vertonte Wiedergabe
sowie des auszugsweisen Nachdrucks vorbehalten

INHALT

Vorwort 7

buddha@work 13

Was zeichnet einen Buddha aus? 23

Arbeit, Beruf und Berufung 31

Rechter Lebenserwerb 41

Macht Geld glücklich? 53

Gibt es die Work-Life-Balance? 63

Burn-out 73

Der Umgang mit Konflikten 81

Die Sache mit dem Erfolg 95

Das Drumherum ist wichtig 103

Die 7-Tage-Woche 111
    Montag 117
    Dienstag 122
    Mittwoch 128
    Donnerstag 134
    Freitag 140
    Samstag 146
    Sonntag 152

Der Arbeitscoach 159

Gedanken zum Schluss 169

Worte des Dankes 173

Zur Autorin 174

Bildnachweis 175

> Wähle den Beruf,
> der dir SPASS MACHT, und du
> brauchst NIE MEHR zu arbeiten.
>
> Konfuzius

VORWORT

Auf dem Fensterbrett, direkt neben meinem Schreibtisch, steht eine kleine japanische Buddhafigur. Mit gekreuzten Beinen und den Händen im Amitabha-Mudra im Schoß liegend soll sie mich stets daran erinnern, dass ich meinen Arbeiten wohlwollend, gelassen, engagiert und mit Freude und Hingabe begegnen und meine Aufgaben achtsam, sorgfältig, dankbar, klug und liebevoll erledigen soll. Neben dieser kupfernen Statue liegt ein kleiner weißer Zettel. Er ist so gefaltet und hingelegt, dass ich ihn jedes Mal lesen kann, wenn ich den kleinen Buddha betrachte. In leuchtender, dunkelbrauner Tinte und mit geschwungener Schrift geschrieben steht dort der weise Satz des indischen buddhistischen Philosophen und Meisters Chandrakirti (7. Jahrhundert n. Chr.): »Die Erfolgschancen in allen Dingen liegen bei 100 Prozent.« Das motiviert mich! Eine kleine schwarze Duftlampe aus Keramik, in der mittels einer Glühbirne das Wasser im Behälter erwärmt wird und die wunderbare ätherische Öle verdampfen lässt, schenkt mir Ruhe, Konzentration und Klarheit. Neben dem Computerbildschirm ziert eine kleine, gläserne Vase mit wohlriechenden, farbenprächtigen Blumen meinen Schreibtisch. Ich erkenne die Schönheit der Natur im Kleinen und fühle die Verbundenheit jedes Mal, wenn ich meinen Augen eine Pause gönne und den Blick auf den Blüten ruhen lasse.

Ich bemühe mich, auch in meinen Beratungs-, Seminar- und Unterrichtsräumen eine Atmosphäre des Willkommenseins und der Akzeptanz entstehen zu lassen. Ordnung spielt dabei für mich eine genauso wichtige Rolle wie Pünktlichkeit und ein gepflegtes Erscheinungsbild. Im Unterricht heißt das konkret, dass ich immer wieder versuche, mich gedanklich frei zu machen, neutral auf die Schüler zuzugehen, Vorurteile loszulassen, Wiederholungen zu schätzen, Fragen zu begrüßen und Kritik würdigend zu hinterfragen. Ich bin bestrebt, mir meinen jeweiligen »Arbeitsplatz« gemütlich, konstruktiv und zweckmäßig einzurichten. Mir ist es wichtig, einen Ort der Inspiration zu schaffen, denn Beruf ist für mich nicht einfach nur »Arbeit«. Unter dem Begriff »Beruf« verstehe ich die »Berufung«, und ich erachte Arbeit als einen wichtigen, ganzheitlichen und sinngebenden Faktor im Leben eines Menschen. Arbeit ist ein Geben und ein Nehmen, ein Austausch von Wissen, Fähigkeiten, Engagement, Zeit, Hingabe, Freude, Energie und Liebe!

Einige Menschen wünschen sich einen Lottogewinn, um nie mehr arbeiten zu müssen. Doch woher stammt das Geld im Jackpot? Andere vertreten die Ansicht, Arbeit müsse generell abgeschafft werden. Aber was würden wir mit unserer Zeit tun? Wie würden wir leben, wenn niemand mehr arbeiten würde? Wie stünde es um unseren Wohlstand und um unsere körperlichen und geistigen Fähigkeiten, Bedürfnisse und Befindlichkeiten? Wie um unsere Entwicklung und unseren Fortschritt? Kann Arbeit wirklich nicht glücklich und zufrieden machen? Steht Arbeit in Konkurrenz zu einem erfüllten und freien Leben?

Manche Menschen zollen akademischen Berufen einen größeren Respekt als den handwerklichen Zünften. Doch wie soll der Schriftsteller ohne Dach über dem Kopf und mit hungrigem Magen kreativ tätig sein? Wie soll der Arzt operieren, wenn ihm die nötigen Instrumente fehlen? Wer bestellt die Felder, wer sät und erntet das Gemüse und das Getreide? Wer sorgt sich um den Unterhalt der Straßen und entsorgt den Müll, wenn wir alle nur noch mit teuren Maßanzügen vor Gericht, hinter dem Bankschalter oder am ergonomisch eingerichteten Schreibtisch im warmen Büro sitzen wollen?

Andere hingegen stellen die Akademiker infrage. Aber wer schient unser Bein nach einem Unfall? Wer vertritt uns in einem Rechtsstreit? Wer plant Städte? Wer entwickelt Strategien?

Gibt es wirklich einen besseren, wertvolleren und achtenswerteren Job? Oder ist es nur unsere geistige Haltung, unser Vorurteil, unsere Erziehung, unsere Vorstellung von Richtig und Falsch, unsere Meinung über uns selbst, die Welt und das Leben, die diese folgenschwere Bewertung und die damit einhergehende verhängnisvolle Trennung hervorrufen?

Seit Längerem nehme ich unter den Menschen einen zunehmenden Wertezerfall wahr. Diese geistige Haltung spiegelt sich natürlich in der Wirtschaft wider und zeigt sich auch in einer fragwürdigen Arbeitsmoral und zweifelhaften Arbeitsethik. Gerade junge Menschen sehen im Beruf oft nur noch eine Befriedigung des Egos oder ein lukratives Mittel zum Zweck. Die quälenden Fragen lauten stets: Was bringt mir diese Arbeit? Wann ist Feierabend? Wie hoch ist der Lohn? Wie wenig muss ich tun, um möglichst viel Geld und Macht zu erhalten? Welche Arbeit ermöglicht es mir also, die angesagten Markenlabels und die lustvollen Freizeitaktivitäten zu finanzieren? Arbeit macht dann schon lange keinen Spaß mehr und befriedigt höchstens noch am Ende des Monats – beim Blick auf den Gehaltszettel.

Der historische Buddha Siddhartha Gautama gab uns bereits vor über 2500 Jahren interessante Ratschläge und wertvolle Hilfestellungen zum Thema Beruf mit auf den Weg. In diesem Ratgeber geht es darum, diese kluge Sichtweise und die damit verbundenen nützlichen Empfehlungen des großen Meisters zu betrachten und Impulse herauszuarbeiten, die sinnvoll im Berufsalltag umzusetzen sind. Kann Arbeit überhaupt glücklich machen? Wie geht man mit belastenden Situationen und schwierigen Menschen um? Was haben Hingabe und Gelassenheit mit Erfolg zu tun? Gibt es den Traumjob? Was bedeutet rechter Lebenserwerb? Was ist Berufsethik? Wie vermeide ich Ablenkung und Störfaktoren? Warum macht Freude intelligenter? Wieso beeinflusst Mitgefühl die eigene Zufriedenheit? Wieso steigert Achtsamkeit die Leistungsfähigkeit?

Ich möchte Ihnen anhand verschiedener Kernthemen zum beruflichen Alltag und einer 7-Tage-Woche wertvolle Tugenden vorstellen, wie z.B. Achtsamkeit, Sammlung, Mitgefühl, Demut, Erkenntnis, Weisheit, Lebenskraft, Urvertrauen, Furchtlosigkeit, innere Ruhe, Frieden, Stärke, Konzentrationsfähigkeit, Klarheit, Dankbarkeit und Respekt. Sie alle werden Ihre Einstellung gegenüber den beruflichen Anforderungen tief greifend verändern. Ich gebe Ihnen zudem Techniken an die Hand, wie Sie gelassener mit Stress und belastenden Situationen und Menschen umgehen können. Außerdem möchte ich Sie auch zum Reflektieren anregen und Sie mittels einfacher Übungen dazu motivieren, Ihre beruflichen Wünsche und Ziele zu verwirklichen und Ihrem Beruf wieder mit Energie und Freude nachzugehen.

Es ist mir wichtig, dass Sie das Vertrauen entwickeln, dass Sie alles, was Sie benötigen, um zufrieden und glücklich zu sein, in sich selbst tragen. Sie verfügen über einen inneren Reichtum, ein fast unerschöpfliches Potenzial, das Sie Ihren eigenen Weg finden und gehen lässt.
Jeder kann in Harmonie mit sich, den eigenen Kräften und der Umwelt sein, der bereit ist, den Weg der Selbstliebe, des Selbstvertrauens und der Selbsterkenntnis zu beschreiten. Mut, Lebensfreude, Wertschätzung, Ruhe und Gelassenheit spielen auf dem Pfad zum inneren Frieden und der inneren Mitte eine entscheidende Rolle. Sie bilden zudem eine solide Basis für ein glückliches und erfülltes Berufsleben.

Ich wünsche mir, dass die Anregungen, Übungen und Tipps auf Resonanz stoßen und Sie die Freude, die Energie, die Geduld, das Vertrauen und den Mut aufbringen, sie spielerisch und leicht umzusetzen, und dadurch Ihren Berufsalltag gelassen und achtsam meistern.

Hören Sie immer auf den Ruf Ihrer inneren Stimme, folgen Sie Ihrer BeRufung – dann müssen Sie nie mehr arbeiten!

Herzlichst
Ihre Sandy Taikyu Kuhn Shimu

> Alle Menschen sind EINS.
> Was sie unterscheidet, ist der NAME,
> den man ihnen gibt.
> Buddha

BUDDHA@WORK

Stellen Sie sich vor, Sie werden im Restaurant von Buddha bedient. Wie würde er Ihre Bestellung aufnehmen und die Getränke servieren? Sie begegnen Buddha an der Kasse des Supermarktes. Wie würde er Sie begrüßen? Mit welcher Haltung würde er Ihren Einkauf über den Scanner ziehen? Vielleicht fahren Sie mit der Straßenbahn, und Buddha kontrolliert Ihren Fahrschein. Welche Worte würde er wählen, wenn er die Bahn betritt? Wie würde er reagieren, wenn Sie ohne gültiges Ticket unterwegs wären? Sie bringen Ihr Auto in die Werkstatt und lassen von Buddha die Reifen und das Öl wechseln. Wie achtsam und konzentriert würde er die Arbeiten ausführen? Sie sind krank, und eine Operation steht an. Buddha wird den chirurgischen Eingriff an Ihnen ausführen. Wie exakt würde er Ihren Bauch aufschneiden? Wo wären seine Gedanken? Wie seine Empfindungen und Gefühle, während Ihr Blut aus der Bauchhöhle fließt? Sie sitzen im Flugzeug nach Singapur, Buddha fliegt die Maschine. Wie würde er sich auf einen Flug vorbereiten? Wie wären seine mentale und seine körperliche Verfassung? Sie stellen Buddha als neue Reinigungskraft ein. Mit welcher Geisteshaltung würde Buddha Ihren Boden putzen?

Überlegen Sie kurz: Was erwarten Sie ganz konkret von einem Buddha, einem Erwachten, einem Erleuchteten, einem Meister?

Darf er unhöflich sein? Ist es ihm erlaubt, Fehler zu machen? Welche geistigen Eigenschaften erwarten Sie von ihm? Welche körperlichen Voraussetzungen muss er mitbringen? Wie intelligent soll er sein? Darf er Schwächen zeigen oder krank werden? Muss er perfekt sein und auf alles eine Antwort wissen?

Natürlich nimmt Buddha die Bestellung im Restaurant zügig, aber freundlich und korrekt auf und serviert den Tee und das Gebäck mit einem Lächeln und wohlwollenden Worten wie: »Genießen Sie Ihren Grüntee, und lassen Sie sich die frisch gebackenen Butterkekse schmecken. Ich bin gern für Sie da, wenn Sie noch etwas wünschen.«
Wir möchten willkommen sein.

An der Kasse erfreuen wir uns an einem herzlichen und wohlgemeinten »Einen guten Morgen« von Buddha und einer konzentrierten und raschen Abfertigung unserer Waren, die sorgfältig vom Förderband zum Scanner und dann zum Verpackungstisch geführt werden. Unser Geld nimmt er achtsam entgegen, bedankt sich für unseren Einkauf, er lächelt und wünscht uns einen schönen Tag.
Wir möchten respektiert werden.

In der Straßenbahn erscheint ein uniformierter Buddha, der seine Position nicht missbraucht. Er betritt gut gelaunt die Bahn und begrüßt die Gäste mit einem freundlichen Gesichtsausdruck und einer offenen geistigen Haltung. Er geht davon aus, dass alle Gäste einen gültigen Fahrschein besitzen. Auf unsere Erklärung, dass wir den Fahrschein aus Zeitgründen nicht entwerten konnten, reagiert Buddha gelassen und wertfrei. Im Einklang mit den internen Vorschriften und seinem freien Menschenverstand findet Buddha eine Lösung, die seinen Arbeitgeber, uns selbst und ihn zufriedenstellt.
Wir möchten ernst genommen werden. (Gerade auch dann, wenn wir einen Fehler gemacht haben!)

Beim Öl- und Reifenwechsel erwartet uns ein sachkundiger Buddha, der die Arbeiten mit Geschick, Sorgfalt und Kompetenz so ausführt, als ginge es um sein eigenes Auto. Er berechnet das, was er auch tatsächlich geleistet hat, und informiert uns über mögliche Alternativen. Er steht uns mit Rat und Tat zur Seite.
Wir möchten wertschätzend behandelt werden.

Im Operationssaal erscheint ein wacher, konzentrierter und selbstsicherer Buddha, der sich über unsere Krankenakte im Klaren ist und sich bei uns über unsere ganz individuellen Ängste und Befürchtungen informiert hat. Er operiert mit ruhiger Hand und behält seine Emotionen unter Kontrolle, ohne dabei gleichgültig, oberflächlich oder abgestumpft zu wirken. Er nimmt uns als Individuum wahr.
Wir möchten Mitgefühl und Anteilnahme erfahren.

Buddha als Pilot strahlt Ruhe und Zuversicht aus. Er lässt keine Routine aufkommen und kultiviert vor jedem Flug seinen Anfängergeist, der frei, offen, spontan, aufmerksam, konzentriert, klar, geduldig und professionell ist. Buddhas Körper und Geist sind auf den Flug vorbereitet. Er weiß um das Zusammenspiel physischer und psychischer Faktoren. Buddha lässt seine Passagiere am Flug teilhaben, indem er ihnen leicht verständlich Informationen weitergibt, ohne dabei gelangweilt oder monoton zu wirken.
Wir möchten uns sicher fühlen.

Als Reinigungskraft erscheint Buddha pünktlich und ordentlich. Er erledigt das Wischen des Bodens mit Hingabe. Herumliegende Gegenstände stellt er behutsam weg, damit sie keinen Schaden nehmen. Sollte trotz des achtsamen Umgangs eine Vase zu Bruch gehen, informiert er uns darüber, und gemeinsam finden wir eine Lösung. Buddha respektiert unsere Privatsphäre und verliert sich nicht in Tratsch, auch wenn er persönliche Angelegenheiten mitbekommt.
Wir möchten vertrauen können.

Lassen Sie uns nun die Perspektive wechseln. Wir betrachten die Situation jetzt aus der Sicht des Arbeitenden, des Angestellten. Wie möchte Buddha uns als seinen Kunden, seinen Patienten, seinen Fahrgast, seinen Gast oder seinen Arbeitgeber sehen?

Als Gast im Restaurant warten wir geduldig, ohne gleich loszuschimpfen, wenn Buddha uns nicht sofort bedient. Wenn er unsere Bestellung aufnimmt, wissen wir, was wir trinken und essen möchten. Dankbar und mit einem Lächeln nehmen wir den Grüntee und die frischen Butterkekse an. Wohlwollend bezahlen wir unsere Rechnung und geben Trinkgeld. Wenn wir die Gaststätte verlassen, schieben wir den Stuhl an den Tisch zurück und wünschen Buddha einen schönen Tag.
Auch der Kellner möchte Dankbarkeit und Respekt erfahren.

An der Kasse halten wir die Geldbörse bereit. Die Lebensmittel haben wir ordentlich auf das Laufband gelegt, und der Barcode der einzelnen Artikel ist so platziert, dass Buddha die Ware, ohne sie zu drehen, über den Scanner ziehen kann. Wir verstauen unseren Einkauf zügig und machen Platz für den nächsten Kunden. Und selbstverständlich schenken wir dem Kassierer ein herzliches »Hallo« und »Auf Wiedersehen«.
Auch der Kassierer möchte geachtet und geschätzt werden.

Ohne zu zögern zeigen wir dem Kontrolleur in der Straßenbahn unseren ungültigen Fahrschein und schildern ehrlich und kurz den Sachverhalt. Wir zeigen uns kooperativ und übertragen unser Fehlverhalten nicht auf Buddha. Wir suchen keinen Schuldigen und keine Ausreden, und wir übernehmen die Verantwortung. Wir suchen nach einer vernünftigen Lösung und bleiben ruhig und höflich. Zum Schluss bedanken wir uns bei Buddha für sein Verständnis und für seine Geduld.
Auch der Kontrolleur möchte Anerkennung, Ehrlichkeit und Rücksicht erleben.

Wir bringen ein sauberes Auto in die Werkstatt. Als Raucher haben wir den Aschenbecher geleert. Müll und leere Plastikflaschen sind vom Fahrer- und Beifahrersitz entfernt. Wir informieren den Mechaniker freundlich und klar über unser Anliegen. Wir hören Buddha zu, wenn er uns einen Alternativvorschlag unterbreitet, ohne gleich davon auszugehen, dass er uns nur das Geld aus der Tasche ziehen möchte. Wir vertrauen seiner Fachkompetenz und lassen ihn dies auch wissen.

Auch der Mechaniker möchte Wertschätzung und Bestätigung erfahren.

Vor und nach der Operation halten wir uns an die Anweisungen des Arztes. Eigenverantwortlich bemühen wir uns um die Gesunderhaltung unseres Körpers und unseres Geistes. Wir lassen Buddha unsere Zweifel und unsere Hoffnungen wissen und wünschen ihm viel Klarheit und Vertrauen für den Eingriff. Wir wissen, dass wir nicht der einzige Patient von Buddha sind. Auch wir sind bereit, loszulassen und die Verantwortung zu tragen, was auch immer passiert.

Auch der Arzt möchte Nachsicht und Zustimmung erleben.

Wir unterstützen Buddha, indem unser Koffer dem Gewicht entspricht, das die jeweilige Fluglinie gestattet. Wir erscheinen pünktlich zum Check-in. Unsere elektronischen Geräte sind tatsächlich ausgeschaltet. Wir halten uns an sämtliche Sicherheitsvorkehrungen und beachten die Hinweise vor und während des Fluges. Wir verhalten uns unauffällig und hilfsbereit an Bord. Wir schüren keine Ängste, sondern tragen zu einem angenehmen Klima unter den Reisenden bei. Wir lassen zum Beispiel das Flugpersonal wissen, wenn das Toilettenpapier alle ist.

Auch der Pilot möchte Unterstützung bekommen.

Wir stellen der Reinigungskraft sämtliche Utensilien zur Verfügung. Schwarzarbeit ist für uns kein Thema. Wir hinterlassen keine Mülldeponie zu Hause und lassen die Reinigungskraft uns nicht unsere Sachen hinterhertragen. Wenn Buddha ein Missgeschick passiert, reagieren wir mit Verständnis und Mitgefühl. Wir achten ganz allgemein auf unsere Wortwahl und unseren Umgang. Wir zeigen uns großzügig und umgänglich.

Auch die Reinigungskraft möchte Vertrauen und Sicherheit erfahren.

Trotz der gegensätzlichen Perspektiven fällt auf, dass wir uns grundsätzlich alle nach dem Gleichen sehnen. Jeder Mensch möchte erwünscht, geliebt, respektiert, gelobt und geachtet werden. Wir alle wollen in unseren Tätigkeiten unterstützt und ernst genommen werden. Wir alle freuen uns über mitfühlende Worte, tatkräftige Unterstützung und nachsichtiges Verhalten. Uns allen ist es wichtig, dass wir loslassen und uns dabei sicher und gut aufgehoben fühlen können. Wir alle möchten Ehrlichkeit, Dankbarkeit und Anteilname erfahren.

Und trotzdem geschieht es in unserem beruflichen und privaten Alltag nur allzu oft, dass wir uns ausschließlich mit einer Seite, mit »unserer« Seite, identifizieren. Wir sind ein Gast, der Anspruch erhebt auf … Wir sind ein Arbeitgeber, der sein Recht einfordert … Wir sind ein Kunde, der Unterstützung wünscht … Wir sind ein Angestellter, der mehr Freizeit und mehr Gehalt will … Wir sind ein Passagier, der möglichst kostengünstig und schnell von A nach B reisen möchte … Wir sind eine Mutter, die ein Anrecht auf Respekt hat … Wir sind ein Seminarteilnehmer und erwarten für unser Geld, dass …

Meist nehmen wir nur unsere eigene Sichtweise wahr und vergessen dabei, dass auf der »anderen« Seite ein Mensch steht, der dasselbe empfindet und den gleichen Anspruch auf »seine« Sicht der Dinge erhebt. Es reicht nicht aus, wenn wir uns diese andere Seite der Medaille einfach nur vorstellen. Wir müssen ein Bewusstsein und ein Gespür dafür entwickeln, dass diese andere Seite in direktem Zusammenhang mit unserer Seite steht. Diese Verbindung zu erkennen und zu respektieren, ist der erste Schritt zu mehr Freiheit und Gelassenheit.

Es gibt keine Lehrer ohne Schüler, keine Anwälte ohne Klienten, keine Ärzte ohne Patienten, keine Verkäufer ohne Konsumenten, keine Vorgesetzten ohne Angestellte, keine Dienstleister ohne Kunden und keine Mütter ohne Kinder. Immer erst dann, wenn wir in Interaktion mit der »anderen« Seite treten, entsteht Arbeit und formt sich Leben. Wir alle sind in unserem Denken, Fühlen und Handeln untrennbar miteinander verbunden. Wenn wir in der Lage sind, diese Wechselwirkung wirklich zu durchschauen, und wenn wir auf der Grundlage dieser Einsicht versuchen, positive und heilsame Entscheidungen zu treffen, steht einem glücklichen und erfolgreichen Berufsleben nichts mehr im Weg!

EIGENREFLEXION

- Wo erlebe ich im Alltag nur »meine« Sicht der Dinge?
- Wie nehme ich »meine« Seite wahr?
- Wie drücke bzw. lebe ich sie aus?
- Wer oder was löst diese Haltung in mir aus?
- Wie reagiere ich körperlich darauf?
- Welche Emotionen nehme ich wahr?
- Was erwarte ich von meinem Gegenüber?
- Zeige und lebe ich das, was ich einfordere?

ÜBUNG
»DIE ANDERE SEITE DER MEDAILLE«

Setzen Sie sich in einer aufrechten und stabilen Position hin. Geübte können ihre bevorzugte Meditationshaltung am Boden oder auf einem Stuhl einnehmen. Schließen Sie Ihre Augen, und atmen Sie tief durch die Nase ein und hörbar durch den Mund aus. Wiederholen Sie das drei Mal. Lassen Sie nun Ihren Atem entspannt und natürlich durch die Nase ein- und ausströmen. Rufen Sie sich eine Situation in Ihr Gedächtnis, die nicht nach Ihren Vorstellungen verlaufen ist. Wie war Ihre Sicht der Dinge? Was haben Sie konkret erwartet?

Versuchen Sie jetzt, die Sicht des Gegenübers, des Buddha, einzunehmen. Was könnte er von Ihnen erwartet haben? Welche Eigenschaften könnte er sich von Ihnen gewünscht haben? Was wollte er einfordern? Was waren seine Ziele? Überlegen Sie, ob das im Widerspruch zu Ihren Überzeugungen steht. Wenn ja, weshalb? Haben Sie Angst, etwas zu verlieren? Geben Sie nur, wenn es Ihnen nützt, sich für Sie lohnt und auszahlt oder wenn es jemand verdient hat? Haushalten Sie mit Ihrem Wissen, Ihrem Verhalten oder Ihren Emotionen? Können Sie vielleicht das Problem, das Missverständnis oder das Unbehagen Ihres Gegenübers in diesem größeren Zusammenhang sehen? Versuchen Sie nun, die geistige Situation positiv aufzulösen, indem Sie auch die Bedürfnisse und Wünsche des anderen würdigen. Das bedeutet nicht, dass Sie mit allem einverstanden sein oder sich alles gefallen lassen müssen. Grundsätzlich heißt das nur, dass Sie Ihr Gegenüber respektieren und sich einer Wechselbeziehung mit ihm zugehörig erkennen können. Respekt, Mitgefühl und Toleranz sind unabhängig davon, ob Ihr Gegenüber genau das macht, was Sie von ihm verlangen, erwarten oder wünschen. Versuchen Sie, von nun an immer beide Seiten der Medaille wertzuschätzen. Damit bringen Sie sowohl die Vorderseite als auch die Rückseite zum Strahlen. Sie werden erkennen, dass Sie sich viel Unbehagen, Probleme und Leid ersparen. Schließen Sie die Übung mit einem Lächeln ab.

BUDDHA@WORK

Leben Sie das Verhalten konsequent vor, das Sie sich von anderen Menschen wünschen, und zwar losgelöst von Anforderungen, Bedingungen und Erwartungen. Erkennen Sie, dass sich jeder Mensch tief in seinem Innersten, ob im Privaten oder im Beruflichen, jung oder alt, Frau oder Mann, reich oder arm, genauso nach Anerkennung, Liebe, Glück, Frieden, Vertrauen, Wertschätzung, Bestätigung und Respekt sehnt wie Sie selbst.

Der ZIMMERMANN bearbeitet das HOLZ.
Der SCHÜTZE krümmt den BOGEN.
Der WEISE formt sich SELBST.

Buddha

WAS ZEICHNET EINEN BUDDHA AUS?

Die buddhistische Vorstellung und Lehre geht davon aus, dass es bereits unzählige Buddhas vor dem historischen Buddha, dem Religionsstifter des Buddhismus, gegeben hat und es auch fortlaufend neue Buddhas geben wird. Gewöhnlich aber bezieht man den Begriff »Buddha« auf Siddharta Gautama, der etwa im Jahre 568 v. Chr. in Lumbini am Fuße des Himalaya nahe Kapilavastu, damals Indien, heute Südnepal, zur Welt kam. Buddha ist kein normaler Name, sondern ein Titel, genauer gesagt: die Sanskrit-Bezeichnung für ein erwachtes Wesen, und bedeutet »der Erleuchtete« bzw. »der Erwachte«. In der Literatur findet man für den historischen Buddha häufig auch den Namen Buddha Shakyamuni. Buddhas Vater Suddhodana war Oberhaupt einer kleinen Adelsrepublik. Seine Familie gehörte der Familie beziehungsweise dem Staat der Shakya an. Shakyamuni bezeichnet also das Adelsgeschlecht des Buddha.

Wie wird man ein Buddha, und welche Eigenschaften zeichnen einen Buddha aus? Buddhaschaft erlangt man nur aus eigener Kraft, durch die Entwicklung des Geistes. Es ist das Erkennen der wahren Natur, die geistige Befreiung und Entfaltung. Es ist die Erleuchtung zum vollkommenen und grenzenlosen Potenzial des Lebens. Es ist die absolute Freiheit und Weisheit gepaart mit einem unendlichen Mitgefühl. Den Erleuchteten zeichnen Mut, Entschlossenheit, Mitgefühl, Weisheit, Achtsamkeit und die bedingungslose Akzeptanz von Ursache und Wirkung aus. Wissend um die Vergänglichkeit haftet ein Buddha weder dem Angenehmen an, noch lehnt er sich gegen das Unangenehme auf. Er tut, was getan werden muss, ohne Erwartung, ohne Anspruch, in vollkommener Gelassenheit und tiefem inneren Frieden. Verbunden mit allem und jedem lebt ein Buddha im Einklang mit sich und der Welt. Unabhängig von äußeren Erscheinungen und Einflüssen bleibt er im Inneren klar, ruhig, rein und frisch wie ein Bergsee.

Jeder Mensch trägt diesen Funken, die Buddha-Natur, in sich. Es geht also darum, diese Qualitäten wieder bewusst zu entdecken und gezielt zu fördern. Das bedeutet konkret und einfach formuliert:

Vermeiden Sie das Schädliche

Zum Beispiel:
› Lassen Sie sich nicht entmutigen.
› Verfallen Sie nicht in Selbstmitleid.
› Suchen Sie nicht nach den Fehlern der anderen.
› Seien Sie nicht nachtragend, sondern verzeihen Sie.
› Handeln Sie nicht aus negativer Motivation heraus.
› Nutzen Sie die Schwächen Ihrer Mitmenschen nicht aus.
› Vermeiden Sie verletzende Worte und Spott.
› Setzen Sie Ihre Mitmenschen nicht unter Druck.
› Vergleichen Sie sich nicht.
› Erzeugen Sie keine Angst.
› Fördern Sie keine Gier und keinen Streit.
› Spielen Sie andere nicht gegeneinander aus.
› Schüren Sie keine Schuldgefühle.
› Machen Sie niemanden abhängig.
› Betrügen und belügen Sie niemanden.

- › Definieren Sie sich nicht über das Unglück anderer.
- › Seien Sie nicht parteiisch.
- › Vermeiden Sie destruktive Gedanken.

Kultivieren Sie das Heilsame

Zum Beispiel:
- › Entwickeln Sie Ihre Geduld.
- › Fördern Sie Ihre Toleranz.
- › Erlauben Sie sich, Fehler zu machen.
- › Leben Sie in Hingabe.
- › Üben Sie sich in Beständigkeit.
- › Trainieren und pflegen Sie Ihren Körper.
- › Geben Sie, ohne Gewinn oder Verlust zu erwarten.
- › Lernen Sie zu teilen.
- › Seien Sie großzügig.
- › Bieten Sie selbstlos Ihre Hilfe an.
- › Bemühen Sie sich um echtes Verständnis.
- › Hören Sie wertfrei zu.
- › Nehmen Sie alles bedingungslos an.
- › Lassen Sie Meinungen, Wertvorstellungen und Urteile los.
- › Übernehmen Sie Verantwortung.
- › Stehen Sie zu Ihrem Wort.
- › Lassen Sie guten Gedanken und schönen Worten auch heilsame Taten folgen.
- › Gönnen Sie Ihren Mitmenschen Glück und Erfolg.
- › Lernen Sie, Ihre Emotionen zu kontrollieren.
- › Vermeiden Sie, zu verletzen und zu töten.
- › Kultivieren Sie Dankbarkeit in Ihrem Alltag.
- › Suchen Sie heilsame Freunde und eine gute Gesellschaft.
- › Lernen Sie, über sich selbst zu lachen.
- › Gehen Sie einer ehrbaren beruflichen Tätigkeit nach.
- › Machen Sie die Tugend der Achtsamkeit zu Ihrem ständigen Begleiter.

Befreien bzw. schulen Sie Ihren Geist

Zum Beispiel:
› Pflegen Sie Ihren Geist, indem Sie meditieren.
› Vermeiden Sie Substanzen, die Ihren Geist trüben (z. B. Medikamente, Drogen, Alkohol).
› Achten Sie darauf, was und wie Sie lesen.
› Nehmen Sie wahr, welche Informationen Sie wie und wann konsumieren, z. B. Radio, Internet, Fernsehen, Zeitung, Kino.
› Lassen Sie sich von äußeren Umständen nicht provozieren.
› Überprüfen Sie Ihren Geist. Sagen Sie »Stopp«, wenn Ihnen ein Gedanke nicht gefällt.
› Schulen Sie Ihre bewusste Atmung. Ihr Atem ist die Brücke zwischen Ihrem Körper und Ihrem Geist.
› Kommen Sie mit Ihren Gedanken immer wieder in die Gegenwart zurück.
› Lernen Sie, achtsam bei einer Sache zu verweilen.
› Erledigen Sie nicht zwei Dinge zur selben Zeit.
› Dehnen Sie Ihre Konzentration aus.
› Erweitern Sie Ihr Bewusstsein, indem Sie Ihre Einstellungen ändern.
› Lassen Sie sich nicht ablenken.
› Vermeiden Sie zu viele äußere Reize und Einflüsse.
› Erkennen Sie das Gesetz der Unbeständigkeit. Alles unterliegt der Veränderung.
› Durchschauen Sie das Prinzip der Substanzlosigkeit. Nichts existiert aus sich selbst heraus. Jeder ist mit jedem und allem verbunden.
› Bringen Sie Ihren Geist immer wieder zur Ruhe.
› Fördern Sie heilsame Gedanken.

Erleuchtung auf Knopfdruck gibt es nicht, sie ist ein Prozess, der Ausdruck eines spontanen, wachen, offenen, ganzen und natürlichen Seins. Und auch das Sein verändert sich. Man kann Erleuchtung auch als Weite, Gelöstheit oder Gewahrsein bezeichnen. Selbst ein Buddha ist nach wie vor den weltlichen Bedingungen unterworfen: Er wird krank, altert und stirbt. Er empfindet Hunger und Durst, und er erlebt Gefühle und die damit einhergehenden Empfindungen und Emotionen. Der große Unterschied zu Nicht-Erwachten ist die Tatsache, dass sich ein Erleuchteter nicht mehr mit den Gefühlen, Emotionen und Empfindungen sowie den äußeren und inneren Bedingungen und Geschehnissen identifiziert. Er lässt sich nicht mehr von ihnen leiten. Er haftet ihnen weder an, noch lehnt er sie ab, denn er weiß, dass nichts auf dieser Welt, auch er nicht, eine eigenständige Substanz aufweist. Alles ist einer stetigen Wandlung und Veränderung unterworfen. Nichts bleibt für immer, nichts ist für ewig. Ein Buddha überwindet dualistische Vorstellungen von Richtig und Falsch, Gut und Böse, Positiv und Negativ. An ihre Stelle treten Klarheit, Weisheit und höchste Freude, die unmittelbar ein tiefes Mitgefühl und eine unendliche Liebe für alle Wesen hervorbringt.

Ganz nach dem Prinzip »Ich kann nur das ernten, was ich gesät habe« geht die buddhistische Lebensweise davon aus, dass jeder Mensch selbst beeinflussen und entscheiden kann, wie er denken, fühlen, handeln und leben möchte. Jedes Glück und jedes Unglück wurzeln im eigenen Geist, und diese Aussage appelliert an unsere Eigenverantwortung. Die buddhistische Ethik verurteilt und bestraft nicht. Sie sagt einfach treffend: »Wenn du mit der Wirkung unzufrieden bist, verändere die Ursache. Wenn dir eine Reaktion nicht gefällt, dann überprüfe die Aktion.« Wir erschaffen uns in der Gegenwart, gerade hier und jetzt, unsere Zukunft. Und niemand kann den Folgen seiner Taten entkommen.

EIGENREFLEXION

- Bin ich mir dieser Eigenverantwortung in meinem Leben, meinem Alltag und im Umgang mit meinen Mitmenschen und der Umwelt wirklich bewusst?
- Überprüfe ich meine Handlungen im Vorfeld auf ihre
- möglichen Auswirkungen?
- Bin ich wirklich immer bereit, mit den Folgen meiner Handlungen zu leben?
- Akzeptiere ich die Wirkungen, oder hadere ich mit meinem Schicksal?
- Beschönige, verniedliche oder verdränge ich Reaktionen?
- Suche ich Schuldige oder Verantwortliche, ohne dass ich bei mir selbst anfange?
- Wer oder was hindert mich daran, nach diesen Erkenntnissen zu leben?
- Wo erkenne ich heilsames Verhalten?
- Wie fördere ich es?
- Wo nehme ich unheilsames Verhalten wahr?
- Wie unterbinde ich es?

ÜBUNG »DER EDLE KERN«

Nehmen Sie wieder Ihre aufrechte Sitzposition ein. Schließen Sie Ihre Augen, entspannen Sie Ihre Gesichtszüge, und lassen Sie Ihre Atmung natürlich und frei durch die Nase ein- und ausströmen. Kommen Sie körperlich und geistig zur Ruhe. Lenken Sie Ihre Aufmerksamkeit nun auf einen angenehmen Gedanken, auf eine lobenswerte Tat, eine selbstlose Handlung oder einfach auf ein gutes Gefühl. Verbinden Sie sich ganz bewusst mit etwas Bejahendem, Erfreulichem und Zustimmendem in Ihnen. Schlagen Sie die Brücke zu dem edlen Kern in Ihnen. Nehmen Sie Kontakt zu Ihrer Buddha-Natur auf. Verweilen Sie in dieser heiteren, gelassenen, friedlichen und lebensfrohen Energie. Versuchen Sie, diese innere Haltung sowohl körperlich als auch mental bewusst wahrzunehmen, und erlauben Sie sich, diese Einstellung mit jedem Atemzug zu vertiefen und auszudehnen. Erkennen und fördern Sie das Gute, das Heilsame und das Positive in Ihnen. Bleiben Sie so lange in dieser Kraft, wie Sie Ihre Aufmerksamkeit aufrechterhalten können. Beenden Sie die Übung mit einem geistigen »Dankeschön«.

BUDDHA@WORK

Sie tragen den edlen Kern bereits in sich. Entdecken und fördern Sie Ihre Buddha-Qualitäten, indem Sie schädliche Gedanken, Emotionen und Handlungen erkennen und unterlassen, im Gegenzug die heilsamen Eigenschaften wahrnehmen und fördern und Ihren Geist achtsam pflegen. Nehmen Sie die Wirkungen, die Sie in der Gegenwart aufgrund Ihres Verhaltens in der Vergangenheit erfahren, urteilsfrei an, und entscheiden Sie sich heute ganz bewusst dafür, neue Ursachen zu setzen, mit deren Auswirkungen Sie in der Zukunft leben möchten.

Es nützt nichts, nur ein
GUTER MENSCH zu sein,
wenn man nichts tut!
Buddha

ARBEIT, BERUF UND BERUFUNG

Es ist interessant, welche bedeutungsgleichen Wörter das Wörterbuch beim Begriff »Beruf« hergibt. Unter anderem: Position, Broterwerb, Handwerk, Sachgebiet, Anstellung, Arbeitsfeld, Aufgabenbereich, Wirkungskreis, Dienstleistung, Profession, Beschäftigung und Leistung. Beim Ausdruck »Arbeit« findet man folgende sinnverwandte Begriffe: Tätigkeit, Verrichten, Ausübung, Handeln, Tat, Gestaltung und erneut Leistung. Umso bemerkenswerter erscheinen mir die Vorschläge für die Bezeichnung »Berufung«: Absicht, Ziel, Aufgabe, Ruf, Mission, Fähigkeit, Begabung, Bestimmung, Verpflichtung, Schicksal. Ich ergänze diese Aufzählung und füge ganz bewusst den Begriff »Lebensaufgabe« dazu.

Berufung ist für mich: die eigene Lebensaufgabe erkennen, annehmen und ausführen. Es ist die bedingungslose Akzeptanz, das zu tun, was getan werden muss! Ich bin der festen Meinung, dass wir in den Tätigkeiten, die wir ausführen, mit denen wir unseren Lebensunterhalt ver**dienen,** bemüht sein sollten, Leben zu schützen und uns und andere vor Leid zu bewahren.
Wir alle sind dazu angehalten, gerade auch in unserem Beruf, in unserer täglichen Arbeitspraxis die vier wichtigen Geisteshaltungen zu pflegen: »Metta«, die liebende Güte, »Karuna«, das Mitgefühl, »Mudita«, die Mitfreude, und »Upekkha«, den Gleich-

mut. Sie sind unsere wahre Grundnatur und Teil der buddhistischen Ethik.

Unglücklicherweise gehen diese Tugenden sehr oft in der Hektik des Alltags, im Streben nach Ruhm, Macht und Geld, im Konkurrenzdenken und -verhalten, unter Leistungsdruck und im Kampf ums vermeintliche Überleben verloren. Wir verschließen unseren Herz-Geist, geben uns der Verblendung hin und halten an unheilsamen, negativen Überzeugungen fest. Wir nehmen uns als getrennte, voneinander unabhängige, nicht verbundene und nur auf uns selbst bezogene Wesen wahr. Im Glauben daran, dass es genügt, wenn es uns selbst und unserer Familie gut geht, verlieren wir das große Ganze aus den Augen. Wir vergessen allzu leicht die wechselseitige Abhängigkeit. Was bedeuten nun also die vier förderlichen Qualitäten unseres Geistes in Bezug auf unseren Beruf und im Umgang mit unseren Mitmenschen im beruflichen Alltag?

Metta – liebende Güte

Sie zeigt sich zum Beispiel in:
› der Freundlichkeit gegenüber Kunden, Schülern, Patienten, Kindern oder Klienten.
› der Verbundenheit mit der Firma, dem Arbeitgeber, der Familie, der Organisation, der Institution oder dem Geschäft.
› der Toleranz gegenüber anderen Meinungen, Standpunkten und Theorien.
› der Akzeptanz von Regeln, Prinzipien, Leitlinien, Normen und Gepflogenheiten.
› der Dankbarkeit für die Arbeitsstelle, den Lohn und das Vertrauen.
› der Hilfsbereitschaft gegenüber den Kollegen, dem Vorgesetzten, der Gruppe oder der Gemeinschaft.

- der Selbstlosigkeit, sein Wissen und seine Fähigkeiten im Team, im Betrieb, zu Hause oder in der Gesellschaft zu teilen und weiterzugeben.
- der Aufgeschlossenheit gegenüber neuen Ideen, Konzepten und Projekten.
- dem Entgegenkommen bei Problemen, Herausforderungen oder Uneinigkeiten.

Karuna – Mitgefühl

Sie drückt sich zum Beispiel aus in:
- dem Wohlwollen, das Gute, Positive, Heilsame, Konstruktive und Schöne in den Mitmenschen zu sehen.
- dem Interesse, lernen und sich entwickeln und verbessern zu wollen.
- dem Einfühlungsvermögen, in schwierigen Situationen den Überblick und einen klaren Kopf zu behalten.
- dem Engagement, uneigennützig zu geben, zu schenken und zu vertrauen.
- der Rücksicht gegenüber der Umwelt und im Unterlassen von schädlichen, verletzenden Handlungen.
- dem Verständnis für andere Ansichten, Probleme und Wertvorstellungen.
- der Herzlichkeit gegenüber den Menschen und im Vermeiden von Leid verursachenden Worten und Taten.
- der Aufmerksamkeit gegenüber sämtlichen Tätigkeiten, Aktivitäten und Verrichtungen.
- der Aufgeschlossenheit bei der Lösungsfindung für komplexe Aufgaben und Prozesse.

Mudita – Mitfreude

Sie zeigt sich zum Beispiel in:
› der Wertschätzung gegenüber allen Mitarbeitenden, Kunden, Mandanten, Kollegen, Familienmitgliedern oder Hilfskräften, unabhängig von ihrem Status, ihrer Rolle, ihrer Nationalität, ihrem Geschlecht oder ihrer Ausbildung.
› der Anteilnahme, sowohl bei Erfolg als auch bei Misserfolg.
› der Großzügigkeit, Gewinn zu teilen, Lob weiterzugeben und andere am Erfolg teilhaben zu lassen.
› dem Respekt gegenüber Wünschen, Anliegen und Gesuchen anderer.
› der Achtung der Grenzen und Bedürfnisse anderer.
› der Nachsicht gegenüber Schwächen und Defiziten.
› dem Vergeben von Fehlern, Irrtümern und Missgeschicken.
› der Begeisterung für positive Ergebnisse und gute Leistungen der Mitmenschen.
› der Zufriedenheit über den Erfolg, das Glück, den Aufstieg, den Fortschritt oder den Sieg anderer.

Upekkha – Gleichmut

Sie drückt sich zum Beispiel aus durch:
› die Gelassenheit in stressigen und herausfordernden Zeiten.
› die Besonnenheit, im Hier und Jetzt zu leben und zu arbeiten.
› die Gerechtigkeit im Denken, im Fühlen, im Sprechen und im Handeln.
› das Loslassen der Vergangenheit.
› die Selbstbeherrschung bei verbalen Angriffen, Misserfolgen, Anschuldigungen, Kritik und Fehlschlägen.
› die Geduld, dass sich Menschen, Projekte und Umstände entwickeln.

› die Weitsicht, dass sich alles verändert und nichts für immer gleich bleibt.
› die Charakterstärke, den Mitbewerbern und der Konkurrenz würdevoll und auf Augenhöhe zu begegnen.
› die Friedfertigkeit gegenüber den eigenen Gefühlen und den Emotionen anderer.

Wenn aus Ihrer Arbeit oder Ihrem Beruf Berufung wird, erlangen Sie die Kompetenz des schöpferischen Handelns. Es ist das Handeln im Einklang mit Ihren inneren Werten und Überzeugungen. Es ist sinngebendes Leben, Ihrer Natur, Ihren Aufgaben, Ihren Fähigkeiten und Ihrer inneren Stimme, also Ihrer Buddha-Natur, entsprechend. Was gibt es Befriedigenderes, als aus tiefstem Herzen im Einklang mit sich, den Mitmenschen und dem Leben und aus der Fülle der unbegrenzten Möglichkeiten tätig zu sein?

Im Zen-Buddhismus wird der Arbeit ein großer Stellenwert beigemessen. Egal, ob Laienanhänger, Mönch oder Abt, jeder in der Gemeinschaft erhält eine Aufgabe. Die täglichen Verrichtungen werden sinnvoll in den klösterlichen Ablauf integriert. Sie werden weder als Mühe oder Last noch als Störung oder Ablenkung empfunden. Im Gegenteil, Zen-Buddhisten sehen in der Arbeit eine großartige Möglichkeit, die geistigen Qualitäten im Alltag anzuwenden, zu prüfen und zu vertiefen.

Arbeit steht im Zen nie im Widerspruch zur geistigen Entwicklung. Arbeit ist der individuelle Ausdruck des Schülers auf dem Weg zur Erleuchtung. Durch sie lernt der Praktizierende Hingabe, Ausdauer, Geduld, Disziplin, Achtsamkeit, Dankbarkeit und Demut. Die bekannten Worte des berühmten chinesischen Zen-Meisters Baizhang Huaihai (jap. Hakuin) »Ein Tag ohne Arbeit ist ein Tag ohne Essen« sollen ihren Ursprung in der nachfolgenden Geschichte haben:

Der große Meister Hakuin war bekannt dafür, dass er tagein, tagaus mit großer Sorgfalt und Hingabe den verschiedensten Aufgaben im Kloster nachging. Auch im Alter von 80 Jahren half er im Garten, auf dem Feld und auch bei der Hausarbeit tatkräftig mit. Die Schüler wollten das nicht länger mit ansehen und beschlossen, sämtliche Werkzeuge und Hilfsmittel wegzuschließen, damit der Meister keinen Zugang mehr zu ihnen hatte. So hofften sie, den geliebten Meister von der schweren Arbeit zu befreien, denn ihrer Bitte, es ruhiger angehen zu lassen oder ganz mit der Verrichtung täglicher Belange aufzuhören, kam der alte Mann einfach nicht nach. An jenem Tag aß der Meister nichts. Auch am nächsten und am übernächsten Tag verweigerte er die Nahrung. Von Schuldgefühlen geplagt, öffneten die Schüler die Werkzeugkisten wieder. Sie vermuteten, dass der Meister böse war, weil sie die Arbeitsgeräte weggeschlossen hatten. An diesem Tag aß der Meister wie immer. Bevor er sich in sein Zimmer zurückzog, erklärte er seinen Schülern: »Ein Tag ohne Arbeit ist ein Tag ohne Essen.«

Was getan wird, steht bei der Arbeit im Zen-Kloster nicht im Vordergrund. Ob der Schüler nun die Toiletten reinigt, den Vorplatz fegt, das Laub sammelt, Rüben schält, Holz hackt, Glühbirnen wechselt, Tee kocht oder den Boden der Buddha-Halle wischt, spielt eine untergeordnete Rolle. Viel wichtiger ist das Wie. Mit welcher geistigen Einstellung, inneren Haltung erledigt er seine Aufgaben. Wo ist er mit seinen Gedanken, mit seinem Bewusstsein, mit seiner Aufmerksamkeit? Es geht darum, dass der Schüler lernt, Vergleiche zu überwinden, denn Bewertungen erzeugen nur Leid. Urteile teilen, sie trennen und sie grenzen ab. Und sie schaffen genau das, was der Zen-Schüler auf seinem Weg hinter sich lassen und überwinden möchte: die Dualität! Es gibt viele Zen-Geschichten, die von Erleuchtungserfahrungen während ganz alltäglicher Verrichtungen wie zum Beispiel beim Geschirrabwaschen, Schneiden von Gemüse oder Unkrautjäten berichten.

Daraus kann man schließen, dass jede Arbeit und jeder Beruf, vorausgesetzt, sie werden mit der rechten Geisteshaltung und der rechten inneren Einstellung ausgeführt, den Menschen zur Erkenntnis, zur Erleuchtung und somit zur Befreiung führen können. Der Ausdruck »rechter Lebenserwerb« nimmt im buddhistischen Kontext einen bedeutsamen Stellenwert ein. Im nächsten Kapitel schauen wir uns diesen Begriff etwas genauer an.

EIGENREFLEXION

- Welche Bedeutung hat meine Arbeit für mich?
- Arbeite ich gern?
- Welchen Zweck, welches Ziel verfolge ich mit meiner Arbeit?
- Für wen oder was arbeite ich?
- Definiere ich mich über meine beruflichen Fähigkeiten?
- Wie wichtig sind mir Anerkennung und Status im Beruf?
- Wie entscheidend ist für mich das Gehalt, der Lohn?
- Habe ich das Gefühl, ich hätte mehr verdient?
- Wie viel will und kann ich dienen?
- Was bin ich bereit, für meinen Beruf zu geben?
- Übe ich tatsächlich die Tätigkeit aus, die ich gut kann und die mir Freude macht?
- Was erachte ich als meine Lebensaufgabe?
- Kann ich diese in Verbindung mit meinem Beruf setzen?
- Wie weit versuche ich, die vier geistigen Qualitäten (Güte, Mitgefühl, Mitfreude und Gleichmut) im Alltag umzusetzen?
- Ist die Umsetzung von Güte, Mitgefühl, Mitfreude und Gleichmut an Bedingungen geknüpft?
- Wenn ja, an welche?
- Gibt es Grenzen, die ich mir selbst auferlege?
- Wenn ja, weshalb tue ich das?

ÜBUNG »DIE LEBENSAUFGABE«

Ziehen Sie sich für einen Moment zurück. Schalten Sie mögliche Störquellen aus. Nehmen Sie Ihre bevorzugte Haltung für eine kurze Meditation ein. Halten Sie Ihren Oberkörper aufrecht, schließen Sie Ihre Augen, und entspannen Sie Ihre Gesichtszüge. Lassen Sie Ihren Atem entspannt durch die Nase ein- und ausströmen. Kommen Sie körperlich und geistig zur Ruhe. Lenken Sie Ihren Fokus nach innen. Verbinden Sie sich gedanklich mit Ihrem Herzen. Beantworten Sie die nachfolgenden Fragen aus Ihrem Herzen. Hören Sie auf Ihre innere Stimme, und achten Sie darauf, wie sich Ihre Antworten anfühlen. Erforschen Sie ganz offen Ihre innere Welt. Machen Sie sich nichts vor. Seien Sie ganz ehrlich.

Was zeichnet Sie aus? Wo liegen Ihre Talente und Ihre Begabungen? Was ist besonders an Ihnen? Was machen Sie gern? Wofür schlägt Ihr Herz? In welchen Tätigkeiten gehen Sie auf? Was interessiert, fasziniert und begeistert Sie? Wo liegen Ihre körperlichen und geistigen Stärken? Was wünschen Sie sich? Was sind Ihre Ziele? Was würden Sie tun, wenn finanzielle Mittel keine Rolle spielen würden? Wie würden Sie leben und wie arbeiten, wenn Sie alles machen und alles haben könnten? Nehmen Sie auch die körperlichen Anzeichen, wie z. B. das Kribbeln im Bauch, das sanfte Herzklopfen, die angenehme Wärme im Brustbereich, oder Glücksgefühle, Leichtigkeit, Motivation, Energie und Freude bei Ihren Antworten wahr. Vielleicht zeigt Ihnen Ihr Unterbewusstsein auch Bilder, die Ihnen ebenfalls wertvolle Lösungsansätze bieten. Lassen Sie sich ganz auf diese Erfahrung ein. Verbinden Sie sich mit Ihrer inneren Stärke und Klarheit. Finden Sie Zugang zu Ihrem edlen Kern.

Mit dieser einfachen Übung können Sie sehr viel über sich selbst und Ihre tatsächlichen Absichten erfahren. Wiederholen Sie sie, sooft Sie mögen. Manchmal ist es hilfreich, wichtige Erkenntnisse nach der Meditation zu Papier zu bringen. Versuchen Sie, dementsprechend Ihre Entscheidungen im Berufsalltag bewusster zu treffen und immer achtsamer nach diesen Einsichten zu leben und zu arbeiten.

BUDDHA@WORK

Sie entscheiden, welchen Stellenwert die Arbeit in Ihrem Leben hat. Für ein zufriedenes und erfülltes Berufsleben steht dabei vor allem der Aspekt des »Wie Sie etwas tun« und weniger das »Was Sie tun« im Vordergrund. Arbeit steht nicht in Konkurrenz zu einem spirituellen, freien, selbstbestimmten und glücklichen Leben. Sie können im Berufsalltag wertvolle Tugenden anwenden, überprüfen und vertiefen. Es gibt vier heilsame geistige Qualitäten, die Ihnen das Berufsleben, die Arbeit und den Umgang mit Kollegen und Vorgesetzten vereinfachen. Das sind die liebende Güte, das Mitgefühl, die Mitfreude und der Gleichmut.

> Wunderbarer als alles GLÜCK AUF ERDEN
> oder im Himmel, größer als die Herrschaft
> über die ganze Welt ist die FREUDE
> des ersten Schrittes auf dem
> PFAD DER ERLEUCHTUNG.
> Buddha

RECHTER LEBENSERWERB

Welche Bedeutung hat der Beruf in der Praxis und der Lehre Buddhas? Wenn man den Schriften Glauben schenkt, kommt weder im Sprachgebrauch des Sanskrit noch im Pali, also den beiden Ursprachen des Buddhismus, die Bezeichnung »Arbeit« vor. Und trotzdem war die Arbeit für Buddha ein so zentrales und wichtiges Thema, dass sie Bestandteil seines »edlen achtfachen Pfades« wurde. Das fünfte Glied der insgesamt acht Glieder seines Weges, der aus dem Leid in die Befreiung führt, ist dem rechten Lebenserwerb gewidmet. Sie werden je nach Literatur für den Begriff »Lebenserwerb« auch die Ausdrücke »Lebensführung«, »Lebenswandel« oder »Lebenserhalt« finden.

Der edle achtfache Pfad wird in drei Kategorien oder Gruppen unterteilt. Die erste Gruppe ist die Weisheitsgruppe. Sie enthält die beiden Glieder: rechte Erkenntnis (Anschauung, Einsicht) und rechte Gesinnung (Denken, Absicht, Entschluss). Die zweite Gruppe ist die Sittlichkeitsgruppe. Zu ihr zählen die drei Glieder: rechte Rede, rechtes Handeln (Tat, Verhalten) und **rechter Lebenserwerb** (Lebenserhalt, Lebensführung). Die dritte Gruppe ist die Vertiefungsgruppe. Sie beinhaltet die drei Glieder: rechte Anstrengung (Streben, Üben), rechte Achtsamkeit (Bewusstheit) und rechte Sammlung (Konzentration, Versenkung, Meditation).

Die erste Gruppe, rechte Erkenntnis und rechte Gesinnung, fordert uns dazu auf, Unwissenheit zu überwinden und Weisheit zu entwickeln. Die zweite Gruppe, rechte Rede, rechtes Handeln und rechter Lebenserwerb, zielt darauf ab, positive Ursachen zu setzen, um heilsame Wirkungen zu erfahren. Und die dritte Gruppe, rechte Anstrengung, rechte Achtsamkeit und rechte Sammlung, zeigt uns auf, wie wir uns geistig-mental ausrichten sollen, um unser Bewusstsein zu kultivieren. Der edle achtfache Pfad führt den Menschen von der Abhängigkeit in die Freiheit, vom Leid zum Glück und von der Unbewusstheit in die Klarheit.

Erste Gruppe: Weisheit entwickeln

Der erste Pfad entwickelt das Verständnis dafür, wie Unzufriedenheit entsteht, wie wir die Ursachen erkennen und wie wir das Leiden beenden. Es bedeutet, die Dinge so zu sehen, wie sie tatsächlich sind, und sie nicht zu beschönigen, zu verleugnen oder zu verdrängen. Es meint, die eigene Sichtweise auszudehnen, einen Wechsel der Perspektive einzunehmen, die Wahrnehmung allumfassend zu erweitern und sich von den Identifikationen zu lösen. Das erste Glied zeigt auf, dass unsere Anhaftung, der Wunsch nach Mehr, die Gier, das Habenwollen sowie die Ablehnung, der Hass, das Wegstoßen, das Nicht-Habenwollen und die Ignoranz, die Verblendung, das Desinteresse, die Gleichgültigkeit, die »Es-geht-mich-nichts-an«-Einstellung die Wurzeln unserer Unzufriedenheit, unseres Leids und unseres Unglücks sind. Wir sind bemüht, diese Wahrheit zu durchdringen.

Das ist rechte Erkenntnis.

Im zweiten Pfad geht es nun darum, zu erkennen, dass unsere Gedanken der Ursprung unserer Gefühle, unserer Emotionen und unserer Handlungen sind. Es gilt, die versteckten Absichten und Motive hinter unseren Taten zu klären und sich bewusst für heilsame, gute und positive Gedanken zu entscheiden, die wiederum heilsame, gute und positive Handlungen hervorbringen. Das zweite Glied strebt also das absichtslose Handeln an, das nicht auf einen Vorteil aus ist, das sich nicht an eine Erwartung klammert und das nicht nach Dankbarkeit und Anerkennung lechzt. Aus Gier wird Großzügigkeit, aus Hass Mitgefühl und aus Gleichgültigkeit Interesse und Weisheit.
Das ist rechte Absicht.

Zweite Gruppe: Richtiges Handeln

Der dritte Pfad fordert uns auf, das Wissen in die Tat umzusetzen und mit der rechten Rede zu beginnen. Diese ist frei von Verleumdung, Lügen, Spott, Klatsch, Lästerei, Beleidigung und Geschwätz. Rechte Rede ist wohlwollend, ehrlich, wertschätzend und mitfühlend. Sie beinhaltet auch die Kunst des Zuhörens, hält sich an Tatsachen und verliert sich nicht in Spekulationen und Vermutungen.
Das ist rechte Rede.

Im vierten Pfad folgt nun die rechte Handlung. Unsere Taten sollen Frieden, Gesundheit, Glück, Gleichberechtigung, Erfolg, Freude und Weisheit fördern. Wir handeln zum Wohle aller und unterlassen die Taten, die uns und anderen schaden. Die Würde und die Freiheit jedes Menschen ist unantastbar. Wir erhalten und schützen Leben, nehmen nichts, was uns nicht freiwillig gegeben wird, wir benebeln unseren Geist nicht mit Alkohol, Drogen oder Medikamenten, wir pflegen einen vernünftigen, selbstbestimmten Umgang mit der Sexualität, und wir halten uns an die Wahrheit. Diese Empfehlungen sind keine Gebote oder Regeln

im herkömmlichen Sinne. Im buddhistischen Kontext gibt es keinen Gott, keinen Richter, keine höhere moralische Instanz. Es gibt nur Ursache und Wirkung, Aktion und Reaktion, sprich Karma. Die Selbstverantwortung obliegt jedem von uns selbst.
Das ist rechte Handlung.

Der fünfte Pfad dehnt diese Haltung weiter aus. Alles, was wir tun, soll von Mitgefühl und Weisheit durchdrungen sein. Wir beziehen das gesamte Umfeld mit ein. Hier hat der rechte Lebenserwerb seine Wurzeln. Aufgrund der ersten vier Glieder können wir den Zusammenhang nun besser verstehen und sehen die Notwendigkeit ein, diese Einsicht auch ganzheitlich und umfassend auf unser gesamtes Leben, unseren Lebenserhalt und somit auch auf unsere Arbeit und unseren Beruf auszudehnen. Denn wenn wir anderen schaden, schaden wir letztlich immer nur uns selbst. (Diese Haltung gründet auf der rechten Erkenntnis und der rechten Anschauung.)
Das ist rechter Lebenserwerb.

Dritte Gruppe: Mit dem Geist arbeiten

Der sechste Pfad erinnert uns daran, dass wir unser Ziel nur dann erreichen werden, wenn wir mit Wille, Tatkraft, Motivation und Engagement dranbleiben. Wir müssen die nötige Energie jeden Tag von Neuem aufbringen, um unseren Geist zu zähmen, positive Gedanken hervorzubringen, gute Gefühle zu nähren und heilsame Taten zu vollbringen. Wir müssen lernen, Leidvolles zu unterlassen und Negativem keinen Nährboden zu geben. Wir müssen uns jeden Tag wieder für das Gute, das Rechte, das Sinnvolle und das Würdevolle entscheiden.
Das ist rechte Anstrengung.

Der siebte Pfad macht uns auf die Essenz der Achtsamkeit aufmerksam. Sie hilft uns, unsere Körperempfindungen und unsere Regungen im Geist, die Gedanken, Gefühle und Emotionen, tatsächlich wahrzunehmen. Sie bringt uns in die Gegenwart, ins Leben zurück. Einsichten und Erkenntnisse finden immer nur in diesem Moment statt. Wenn wir uns verändern, wenn wir loslassen wollen, gelingt uns das nur in der Gegenwart. Das Vergangene ist geschehen, das Zukünftige noch nicht da. Wir fokussieren uns immer wieder im Hier und Jetzt und verbinden uns mit dem Moment. Es geht darum, unmittelbar Bewusstheit für das Leben, für alle Wesen und für uns selbst zu erfahren.
Das ist Achtsamkeit.

Der letzte, der achte Pfad fordert uns auf, unseren Geist, der zu Unruhe, Ablenkung und Verwirrung neigt, mittels Konzentration, Meditation und Versenkung zu schulen. Meditation bringt uns mit unserem wahren Wesen in Kontakt, sie schafft die Verbindung zu unserem edlen Kern, zu unserer Buddha-Natur. Meditation führt zu mehr Klarheit und Präsenz. Sie fördert Achtsamkeit, Mitgefühl und Weisheit und schlägt somit die Brücke zum ersten Glied des edlen achtfachen Pfades, zur rechten Erkenntnis.
Das ist rechte Sammlung.

»Recht« ist die Übersetzung des Pali-Wortes »samma«. Oft entsteht der Irrglaube beziehungsweise das Missverständnis, dass es sich bei »recht« um den Gegensatz zu »falsch« handeln würde. Das Wort »samma« bedeutet aber im Kern »vollkommen, vollständig, ganz, zusammen«. Auf den rechten Lebenserwerb übertragen heißt das, dass wir einer Tätigkeit, einem Beruf, dem Lebenserhalt nachgehen sollen, der sowohl uns als auch unser Umfeld zur Vollkommenheit führt. Ich bevorzuge anstelle von »recht« den Ausdruck »heilsam«. Eine heilsame Lebensführung im buddhistischen Sinn meint, eine maßvolle, großzügige, fleißige, achtsame, vertrauensfördernde, weise, lebenserhaltende Lebensweise zu führen.

Buddha formulierte das sehr eindeutig. Der rechte Lebenserwerb bedeutete für ihn:

› kein Handel mit Waffen.
› kein Handel mit Lebewesen.
› kein Handel mit Fleisch.
› kein Handel mit Rauschmitteln.
› kein Handel mit Giften.
› keinen Beruf ausüben, der Menschen, Tiere oder der Umwelt schadet.
› keine Arbeit, die Leid, Kummer oder Schmerzen zufügt.
› nicht stehlen, nicht töten, nicht betrügen, nicht verraten und nicht lügen.

Und er sagt weiter: Diese Arten des Handels und des Lebens soll man nicht nur selbst unterlassen, sondern auch niemand anderen dazu anstiften. Der rechte Lebenserwerb ist nicht dazu da, Macht auszuüben, Menschen oder die Umwelt auszubeuten, Abhängigkeiten zu schaffen, Besitztum anzuhäufen, reich zu werden, Krieg zu führen, Schuldgefühle zu erzeugen, ausschließlich Karriere zu machen, sein Ego zur Schau zu stellen, sich zu privilegieren oder sich Vorteile zu sichern. Arbeit ist kein Selbstzweck, sie soll dem Wohle aller dienen.

Diese Einstellung steht meines Erachtens im extremen Widerspruch zu der Ideologie der heutigen Zeit, der »Mehr-ist-besser«-, »Nach-mir-die-Sintflut«- und »Geiz-ist-geil«-Mentalität. Buddha fordert uns ganz klar auf, uns frei zu machen von Anhaftung, Gier, Besitzansprüchen, Selbstdarstellung und Überheblichkeit und zurückzufinden zu Genügsamkeit, Selbstlosigkeit, Fürsorge, Großzügigkeit, dem Gefühl der Verbundenheit und der Gemeinschaft.

Der rechte Lebenserhalt dient dem Erhalt des Lebens! Es geht also nicht nur um das Vermeiden gewisser unheilsamer Taten oder schlechter Handlungen. Es bedeutet auch nicht nur den Verzicht auf das Ausüben eines speziellen Berufes. Es geht vielmehr um eine bewusste, ganzheitliche und heilsame Lebensführung, die weit über das normale Verständnis einer Erwerbstätigkeit hinausgeht.

EIGENREFLEXION

- Wie verdiene ich meinen Lebensunterhalt?
- Schaffe ich mit meiner Arbeit Unzufriedenheit, Unglück oder Leid?
- Schade ich mit meinem Beruf anderen Menschen, Tieren oder der Umwelt?
- Was ist meine Motivation, meine tatsächliche Absicht hinter meiner Arbeitstätigkeit?
- Wie weit gehe ich für mein Glück, meinen Erfolg und meinen finanziellen Reichtum?
- Interessieren mich die Bedürfnisse der anderen?
- Nehme ich Verluste in Kauf, um meine Ziele zu erreichen? Wenn ja, welche?
- Will ich der Wahrheit, den Tatsachen wirklich immer ins Auge sehen?
- Welche Gesinnung treibt mich an?
- Welche Macht haben meine Gedanken über mich?
- Bin ich mir der Bedeutung meiner Worte immer bewusst?
- Erkenne ich in all meinen Handlungen das Prinzip von Ursache und Wirkung und die damit verbundene Eigenverantwortung?
- Schaffe ich Abhängigkeiten?
- Fördere ich Schuldgefühle?
- Häufe ich Besitz an?

- Verliere ich mich leicht in schlechten, unheilsamen Gewohnheiten?
- Wie schnell gebe ich auf?
- Verbeiße ich mich in Ideen?
- Kann ich gut loslassen, oder hafte ich an Dingen, Gedanken, Ideen, Meinungen, Vorstellungen, Normen und Werten und Menschen?
- Nehme ich wahr, wenn ich mit meinen Gedanken nicht in der Gegenwart bin?
- Ertappe ich mich dabei, dass ich bewusst in die Vergangenheit oder in die Zukunft flüchte?
- Pflege ich meinen Geist?
- Wenn ja, wie und wie oft?

ÜBUNG »ZURÜCK IN DIE GEGENWART«

Gönnen Sie sich eine kurze Auszeit. Setzen Sie sich aufrecht auf einen Stuhl oder auf den Boden. Halten Sie die Wirbelsäule aufrecht. Schließen Sie die Augen, entspannen Sie die Gesichtszüge und die Schultern. Lenken Sie Ihre Aufmerksamkeit auf die Atmung. Fokussieren Sie sich auf den Punkt zwischen Nase und Oberlippe. Nehmen Sie gelassen und wertfrei Ihre Ein- und Ausatmung wahr. Beobachten Sie, ohne einzugreifen, ohne das Atmen beeinflussen oder verändern zu wollen. Nehmen Sie achtsam wahr, was ist. Wie atmen Sie? Wo spüren Sie Ihren Atem? Was bewirkt er in Ihrem Körper? Wie reagieren Sie auf der geistigen Ebene? Lassen Sie Bewertungen, Vorurteile und Anhaftungen los. Nehmen Sie nur wahr, was tatsächlich ist. Kommen Sie mit Ihrer Konzentration immer wieder in den gegenwärtigen Moment zurück, zu der Wahrnehmung Ihres Atems. Diese bewusste und achtsame Atmung verbindet Ihren Körper und Ihren Geist und bringt Sie in die Gegenwart zurück.

BUDDHA@WORK

Rechter Lebenserwerb schützt und bewahrt Leben. Er beinhaltet eine heilsame, ganzheitliche Lebensführung, die durch Weisheit, Mitgefühl und Achtsamkeit geprägt ist. Der Beruf dient nicht nur Ihrem eigenen, sondern dem Wohle aller. Der edle achtfache Pfad steht Ihnen als tugendhafter Wegbegleiter zur Seite. Er beinhaltet drei Gruppen, die Weisheits-, die Sittlichkeits- und die Vertiefungsgruppe, und besteht aus acht Gliedern, die Sie von der Unwissenheit zur Klarheit und vom Leid zum Glück führen: die rechte Erkenntnis, die rechte Gesinnung, die rechte Rede, das rechte Handeln, der rechte Lebenserwerb, die rechte Anstrengung, die rechte Achtsamkeit und die rechte Sammlung.

> So, wie der ACKER verdorben
> wird durch UNKRAUT,
> wird der MENSCH verdorben
> durch seine GIER.
> Buddha

MACHT GELD GLÜCKLICH?

Genau wie Sie und ich nur das eine anstreben, nämlich Zufriedenheit und Glück zu erfahren, möchten auch alle anderen Menschen auf der Welt zufrieden und glücklich sein. Es ist dieses eine Ziel, das wir mit allen Menschen gemeinsam haben: das Streben nach Glück! Und es ist das Recht jedes Einzelnen, dieses Ziel zu erreichen.

Geld macht nicht glücklich, behaupten die einen; Geld macht glücklich, erwidern andere Glücksforscher. Aber woher kommt dieser vermeintliche Widerspruch? Tatsächlich macht Geld nur die Menschen glücklicher und zufriedener, die nur sehr wenig oder gar nichts besitzen. In dem Moment aber, wo die Existenz gesichert ist und die Grundbedürfnisse befriedigt sind, erzeugt noch mehr Geld kein weiteres nennenswertes Glücksgefühl. Das hat damit zu tun, dass wir uns sehr schnell an einen gewissen Standard gewöhnen. Das Glücksgefühl, das wir nach dem Kauf eines Konsumgutes verspüren, verschwindet mit zunehmendem Vermögen immer schneller. Studien haben gezeigt, dass sich bei gut verdienenden Personen das Glücksbarometer nicht signifikant verändert, wenn sie noch mehr Geld erhalten.

Interessant ist die Aussage der Forscher, dass es bei Gutverdienern weniger darauf ankommt, wie viel Geld sie besitzen, sondern es eher darum geht, dass sie sich mehr leisten können als andere! Ein Beispiel: In dem Moment, in dem sich alle einen Flug in der Business-Class leisten können, sinkt die Zufriedenheit des Einzelnen. Sie steigt erst dann wieder, wenn er sich mit **wenigen** den First-Class-Flug leisten oder noch besser **alleine** einen Privatjet nutzen kann. Es geht also weniger um das Geld an sich, sondern viel mehr um den Vergleich mit den anderen Menschen. Wie Sie bereits erfahren haben, erschafft aber genau diese Bewertung, dieser Vergleich, diese Trennung Leiden und Unzufriedenheit. Also macht Geld unglücklich!?

Spannend ist eine Untersuchung der Wirtschafts- und Geisteswissenschaftler der Harvard University, die aufzeigt, dass es nur darauf ankommt, was man mit dem Geld macht. Sie belegt, dass die Menschen glücklicher und zufriedener sind, die bereit sind, Geld für andere auszugeben – und das unabhängig von Herkunft und Rasse. Geld kann uns also doch glücklich machen, nämlich dann, wenn wir anderen damit helfen und sie unterstützen!

Was würde Buddha dazu sagen? Lassen Sie uns die drei Geistesgifte **Ignoranz, Gier** und **Hass** beim Thema Geld betrachten. Das erste Gift ist die Ignoranz. In anderen Quellen werden Sie für Ignoranz auch Verblendung oder Unwissenheit finden. Sie gründet auf einer falschen Wahrnehmung der Welt, die wiederum alle unsere Handlungen beeinflusst. Ich nehme mich getrennt von den anderen wahr. Es entstehen Zuordnungen wie »Subjekt und Objekt«, »Ich und Du« und »Mein und Dein«.

Auf dieser Grundlage wächst das zweite Gift, die Gier. Als getrenntes Wesen vergleiche ich mich mit anderen. Ich bewerte und beurteile als »angenehm, das will ich haben«, oder als »unangenehm, das will ich nicht haben«. Ich nehme Defizite wahr. Eine Mentalität des Mangels bildet sich aus. Ich möchte mehr haben, weil »viel viel hilft«, »mehr immer besser ist« und »genug noch lange nicht genug ist«. Genügsamkeit ist nur etwas für Verlierer und Versager; das impft uns die Werbeindustrie gekonnt ein.

Wenn zwei Gierige aufeinandertreffen, entsteht Wettbewerb, und das dritte Gift, der Hass, ist geboren. Aus der Trennung, dem Vergleich, der Bewertung und dem Wettbewerb bilden sich Konkurrenzdenken und Konkurrenzverhalten, Egoismus entsteht. Das Rad des Leidens dreht sich unaufhörlich – bis ins Unendliche weiter.

In einem buddhistischen Seminar zum Thema »Buddhismus und Geld« in München habe ich ein interessantes Modell von Dr. Thomas Barth kennengelernt. Ich nenne es das Geld-Glück-Modell.

Das Geld-Glück-Modell

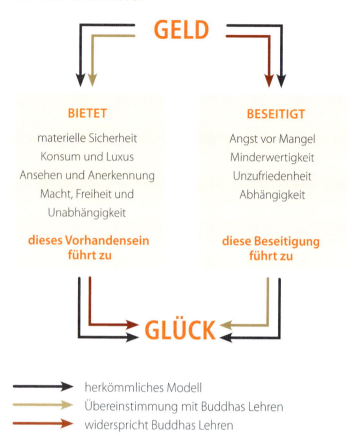

Dass Geld materielle Sicherheit, Konsum, Luxus, Ansehen, Anerkennung, Macht, Freiheit und Unabhängigkeit bietet, dem würde Buddha zustimmen. Dass dieses Vorhandensein aber automatisch zu Glück führt, das würde Buddha bezweifeln.

Dass Geld Angst, Mangel, Unzufriedenheit, Abhängigkeit und Minderwertigkeit beseitigt, dem würde Buddha nicht zustimmen. Dass aber die Beseitigung dieser Zustände zu Glück führt, das würde Buddha bestätigen.

Materieller Reichtum kann also genauso viele Probleme verursachen wie Geldmangel. Die Panik, sein Geld, seine Sicherheit und sein Prestige zu verlieren, kann aber auch Depressionen, Unsicherheiten, Zweifel, Zukunftsängste und Minderwertigkeitsgefühle auslösen. Das Problem ist, dass Menschen, die zu wenig oder gar kein Geld haben, diesen Zusammenhang (noch) nicht erkennen können und zuerst ihre Existenz und ihre Grundbedürfnisse abgesichert wissen wollen.

Wir verändern Dinge, indem wir unsere Wahrnehmung verändern. Gerade im Zusammenhang mit Geld ist es entscheidend, dass wir die Wahrheit der gegenseitigen Abhängigkeit erkennen. Wir müssen ein Leben führen wollen, das das Leid aller vermindert. Dazu braucht es Mut und den Willen zur Veränderung. Wir können nie ganz unschuldig bleiben, denn alles, was wir tun, hat immer auch einen Nebeneffekt. Aber wir können die Kräfte in und um uns unterstützen, die uns in die richtige Richtung bringen. Die Arbeit beginnt mit unseren eigenen Ansichten und bei unseren Gewohnheiten.

In der asketischen Tradition lebten Buddha, die Nonnen und die Mönche den Ordensregeln entsprechend ohne Geld, ohne Schmuck, ohne Besitz und ohne festen Wohnsitz. Für Laien, also für die Menschen, die nicht in einem Kloster lebten, galten diese Regeln natürlich nicht. Im Gegenteil, die Laien ermöglichten mit ihren Spenden und Geschenken den Ordinierten erst das Leben in einer solchen Gemeinschaft. Aus diesem Grund war es Buddha wichtig, dass auch die Laien, die ja arbeiteten und Geld verdienten, diese Tätigkeit und ihren Verdienst als Übung verstanden, die im Einklang mit Spiritualität und geistigem Wachstum stehen konnte. Er bezog sich auf seine Lehre vom »mittleren Weg«. Das heißt, dass man die Mitte zwischen den Extremen, dem Allem und dem Nichts, zwischen Sich-gehen-Lassen und Selbstkasteiung, zwischen totaler Hingabe an Sinnesfreuden und der selbstquälerischen Askese anstreben und finden soll.

Buddha war sogar der Überzeugung, dass ein ethisches Verhalten und ein heilsamer Umgang mit Geld, Wohlstand und Reichtum für die Entfaltung einer Gemeinschaft von großem Nutzen sein kann. Er sagte: »Wer seinen Wohlstand vermehren möchte, der sollte sich an den Bienen ein Beispiel nehmen. Sie sammeln den Honig, ohne die Blumen zu zerstören. Sie sind sogar nützlich für die Blumen. Sammle deinen Reichtum, ohne seine Quellen zu zerstören, dann wird er beständig zunehmen.« Denjenigen, die arbeiten, die Karriere und die Geld machen möchten, legte Buddha folgende vier Grundsätze ans Herz:

› Reichtum soll ehrlich, ohne Gewalt, Leid und Schaden verdient worden sein.
› Reichtum soll dich selbst glücklich, dankbar, bescheiden und zufrieden machen.
› Reichtum soll auch anderen zugutekommen, sodass Leid vermindert werden und Heilsames gefördert werden kann (spenden, teilen, schenken, investieren).
› Reichtum soll nicht Besitz von dir ergreifen. Es gilt, die Fähigkeit zu schulen und zu bewahren, den Reichtum jederzeit loslassen zu können.

Besitz und Reichtum sind also auch im buddhistischen Kontext nicht von Grund auf verwerflich. Wir dürfen ihn haben, vermehren und genießen, wenn wir von ihm nicht abhängig sind. Jede Anhaftung ist sinnlos und verursacht Leiden, denn alles ist vergänglich, und nichts bleibt uns ewig erhalten. Die Kunst ist, zu besitzen, ohne dem Besitz anzuhaften und ohne sich mit ihm zu identifizieren. Die Einstellung, die geistige Haltung, gegenüber dem Geld ist das, was Unglück oder Glück bringt, was krank, geizig, egoistisch, süchtig und gierig oder gesund, mitfühlend, verbunden, offenherzig und großzügig macht. Im Endeffekt ist Geld »leer«, leer von eigener Substanz. Geld hat den Wert, den wir ihm geben. Welche Bedeutung und welchen Wert es hat, findet in gegenseitiger Absprache statt, und auch das kann sich jederzeit verändern.

EIGENREFLEXION

- Was bedeutet mir Geld?
- Habe ich genug Geld?
- Wenn ja, was mache ich mit dem Geld?
- Wenn nein, wann habe ich das Gefühl, dass ich genug Geld habe?
- Definiere ich mich über Geld?
- Definiere ich mich über Statussymbole oder Konsumgüter, die ich mir mit Geld kaufen kann?
- Fühle ich mich gut, wenn ich mir etwas leisten kann?
- Wenn ja, wie lange hält dieser positive Zustand an?
- Fühle ich mich schlecht, wenn ich mir etwas nicht leisten kann?
- Wenn ja, wie lange hält dieser negative Zustand an?
- Was würde ich alles für Geld tun?
- Welche positiven Gefühle vermittelt mir Geld?
- Welche negativen Empfindungen löst Geld in mir aus?
- Benutze ich Geld als Kompensation?
- Wenn ja, für was?
- Was würde ich tun, wenn ich über Nacht Millionär werden würde?
- Wie würde ich mich verhalten, wenn ich über Nacht komplett mittellos geworden wäre?

ÜBUNG
»DIE UNBESTÄNDIGKEIT ERKENNEN«

Finden Sie einen Moment der Ruhe und Stille, und begeben Sie sich in Ihre Meditationshaltung. Schließen Sie die Augen, entspannen Sie die Gesichtszüge und die Schultern. Halten Sie den Kopf und die Wirbelsäule aufrecht, damit Sie wach und konzentriert bleiben. Nehmen Sie ein paar bewusste und tiefe Atemzüge durch die Nase, und atmen Sie durch den Mund aus. Lassen Sie alles los, was Sie körperlich und geistig beschäftigt. Kehren Sie dann zur normalen Nasenatmung zurück. Lenken Sie Ihre Aufmerksamkeit jetzt auf Ihren Körper. Was nehmen Sie wahr? Benennen Sie, was Sie spüren, aber bewerten Sie es nicht. Verweilen Sie ein paar Minuten. Lenken Sie Ihre Aufmerksamkeit jetzt auf Ihre Gefühle. Was nehmen Sie wahr? Benennen Sie, was Sie fühlen, aber bewerten Sie es nicht. Verweilen Sie auch hier ein paar Minuten. Lenken Sie Ihre Aufmerksamkeit jetzt auf Ihre Gedanken. Was nehmen Sie wahr? Untersuchen Sie Ihre Gedanken auf ihre Wirkung hin. Sind es heilsame oder unheilsame Gedanken? Verweilen Sie nochmals ein paar Minuten. Bleiben Sie zum Abschluss noch einen Moment in dem Bewusstsein, dass Ihre Körperempfindungen, Ihre Gefühle und Ihre Gedanken sich fortlaufend verändern. Nehmen Sie dieses Verständnis auch in Ihren Alltag mit. Versuchen Sie, ganz allgemein weniger etwas anzuhaften und vermehrt loszulassen.

BUDDHA@WORK

Geld ist weder gut noch schlecht. Ihre innere Einstellung und Ihre äußere Haltung gegenüber Geld entscheidet, ob es Sie glücklich oder unglücklich macht. Wir alle benötigen aber gerade so viel Geld, dass unser Überleben, unsere Existenz und unsere Grundbedürfnisse gesichert sind. Die Kunst ist, Wohlstand genießen zu können, ohne ihm anzuhaften. Oberstes Ziel auf dem Weg zu einem zufriedenen und glücklichen Leben ist es, Reichtum ethisch korrekt erworben zu haben, ihn teilen und loslassen zu können.

> Der Mensch ist kein BAUM.
> Wenn er am FALSCHEN PLATZ steht,
> sollte er sich einen anderen suchen.
> Buddha

GIBT ES DIE WORK-LIFE-BALANCE?

Work-Life-Balance ist in der heutigen Zeit zu einem Mode- und Schlagwort geworden. Sie soll ein sinnvolles Verhältnis zwischen dem Berufs- und dem Privatleben beschreiben. Das heißt, die Interessen zwischen Arbeit, Familie und dem Leben an sich in Einklang bringen. Es gibt unzählige Seminare, Bücher und Workshops zu diesem Thema. Wie optimiert man seine Zeit? Wie geht man mit Stress um? Wie bringt man die eigenen Bedürfnisse, die der Familie und des beruflichen Alltags unter einen Hut? Wie und wann pflegt man soziale Kontakte? Was ist Erholung? Wie entspannt man sich richtig? Wie wird man allen Anforderungen gerecht? Was sollte man essen und trinken? Wie die Ferien verbringen? Wie kann man den Körper fit und den Geist gesund erhalten?

Schon Konfuzius sagte: »Das Leben ist eigentlich ganz einfach, aber wir bestehen darauf, es kompliziert zu machen.« Dieser Aussage stimme ich zu 100 Prozent zu. Ich bin der Überzeugung, dass man keine klare Trennlinie zwischen der Arbeit (Work) und dem Leben (Life) ziehen kann. Wie Sie gelernt haben, beinhaltet die rechte Arbeit, also der rechte Lebenserwerb, auch die rechte Lebensführung. Diese Sichtweise schließt die Harmonie (Balance) zwischen Arbeit und Leben automatisch mit ein! Und das, was Sie nicht trennen, muss auch nicht ausbalanciert werden. Ich vertrete also die etwas provokative Ansicht, dass die heute angestrebte und viel zitierte Work-Life-Balance dem rechten Lebenserwerb der Lehre Buddhas, die vor über 2500 Jahren verfasst wurde, entspricht!

Aus eigener Erfahrung weiß ich, dass sich die Theorie, so überzeugend und sinnvoll sie sich auch liest oder anhört, nicht selbsttätig in die Praxis umsetzt. Deshalb möchte ich Ihnen ein paar konkrete Tipps mit auf den Weg geben:

› Nehmen Sie sich genügend Zeit zur Selbstreflexion. Lernen Sie sich wirklich kennen. Ergründen Sie, wer Sie tatsächlich sind. Erkennen Sie, wie Ihr Geist aufgebaut ist und wie er funktioniert. Was sind seine Inhalte? Woher kommen Ihre Gedanken? Was macht Sie aus? Wer sind Sie? Was tun Sie hier? Je besser Sie sich selbst kennen, je mehr Sie mit sich selbst vertraut sind, desto besser verstehen Sie die Welt, desto klarer werden die Zusammenhänge im zwischenmenschlichen Kontakt und desto mehr Selbstvertrauen und Mitgefühl entwickeln Sie.

› Freuen Sie sich über Ihr Leben und Ihre Arbeit. Nehmen Sie beides nicht als Selbstverständlichkeit wahr. Schätzen Sie Ihre Zeit, indem Sie ihr mit Hingabe und Dankbarkeit begegnen. Sie wissen nie, wie lange Sie noch die Möglichkeit dazu haben. Haben Sie Spaß an dem, was Sie tun und wie Sie es tun, und bringen Sie diese Begeisterung, diese bedingungslose Lebensfreude zum Wohle aller zum Ausdruck, indem Sie jeden Moment bewusst wahrnehmen und genießen.

› Definieren Sie Ihre Werte, und treffen Sie auf dieser Grundlage Ihre Entscheidungen. Es ist wichtig, dass Sie wissen, was Sie wollen, und es ist genauso entscheidend, dass Sie sich darüber im Klaren sind, was Sie nicht wollen. Diese Haltung fördert Ihr Selbstvertrauen und Ihr Selbstbewusstsein und erspart Ihnen energie- und zeitraubende Unschlüssigkeit. Innere Klarheit reduziert Zögern, Wankelmut, vertreibt Launenhaftigkeit und zeigt sich im Äußeren durch Konsequenz, Entschlossenheit und Disziplin.

› Entschleunigen Sie Ihr Leben ganz allgemein. Kalkulieren Sie zum Beispiel mehr Zeit zwischen zwei Terminen ein. Essen oder gehen Sie bewusst langsamer. Lassen Sie sich bei Ihrer Wortwahl mehr Zeit. Hören Sie einfach einmal ruhig zu. Nehmen Sie ein Bad, anstatt zu duschen. Nutzen Sie Wartezeiten, um Ihre Atmung bewusst wahrzunehmen. Kultivieren Sie die Einstellung »weniger ist mehr«, und entwickeln Sie ein Gespür dafür, wann etwas für Sie genug ist! Genügsamkeit ist die Kunst, dem Leben mehr Qualität zu schenken und bewusst auf Quantität zu verzichten. Entdecken Sie das Glück und die Zufriedenheit, die Sie durch die Verlangsamung Ihres Lebens erfahren.

› Richten Sie Ihre Aufmerksamkeit immer nur auf jeweils eine Sache. Betreiben Sie »Single-Tasking« anstatt »Multi-Tasking«. Trennen Sie, was nicht zusammengehört. Lernen Sie, auf dieser Basis auch Ihre Prioritäten zu setzen, und halten Sie die Reihenfolge der Prioritäten ein. Geben Sie dem, was Sie tun, Ihre volle Achtsamkeit. Denken, fühlen und handeln Sie bewusst. Essen Sie einen Apfel, ohne dabei z. B. Neuigkeiten auf Ihrer Facebook-Seite zu lesen. Telefonieren Sie, ohne auf dem Papier herumzukritzeln. Lesen Sie die Zeitung, ohne dabei fernzusehen. Fahren Sie Auto, ohne Radio zu hören. Nehmen Sie die Dinge wieder in ihrer ganzen Fülle wahr.

› Setzen Sie Ihre Energie und Ihre Zeit für Veränderungen und Lösungen ein. Verharren Sie nicht in festgefahrenen Mustern und Gewohnheiten. Vergeuden Sie keine Kraft mit Nörgeln, Schimpfen und Vergleichen. Blockieren Sie Ihren Lebensfluss nicht mit Festhalten, Klammern und Anhaften. Hadern Sie nicht mit der Gegenwart. Je schneller Sie in der Lage sind, den Ist-Zustand wirklich anzunehmen und zu akzeptieren, desto rascher werden Sie ihn loslassen können. Jetzt haben Sie Zugriff auf Ihr ganzes Potenzial.

› Sprechen Sie Probleme konkret an. Hören Sie auf, Bedürfnisse oder Wünsche zu interpretieren und für andere zu denken oder zu handeln. Klären Sie Erwartungen ganz gezielt im Vorfeld ab. Für gewöhnlich sind weder Sie noch Ihre Mitmenschen Hellseher, verhalten Sie sich also dementsprechend. Seien Sie offen und ehrlich. Teilen Sie Ihre Anliegen eindeutig mit, und verlangen Sie auch von Ihrem Gegenüber diese Transparenz. Überlegen Sie sich, welchen Anforderungen Sie gerecht werden können und wollen und welche Kompromisse Sie einzugehen bereit sind.

› Entwickeln Sie den Mut, Ihre Meinung und Ihre Ansichten zu verändern. Lernen Sie, sich abzugrenzen und Nein zu sagen. Respektieren Sie Ihre körperlichen und geistigen Grenzen. Schaffen Sie sich geistige und körperliche Freiräume. Bitten Sie um Hilfe, und nehmen Sie Unterstützung auch in Anspruch. Erlauben Sie sich, nicht jederzeit verfügbar zu sein. Es geht auch ohne Sie!

› Gewöhnen Sie sich an einen heilsamen Tagesablauf. Stehen Sie möglichst immer zur selben Uhrzeit auf (auch an Wochenenden und an freien Tagen). Vermeiden Sie Hektik am Morgen. Starten Sie den Tag mit einem gesunden und warmen Frühstück. Unterbrechen Sie regelmäßig Ihre Arbeit. Gönnen Sie sich Pausen, und halten Sie die Mittagszeit ein. Verlassen Sie dafür unbedingt Ihren Arbeitsplatz. Beenden Sie zum Feierabend bewusst Ihre Tätigkeiten. Vergessen Sie nicht, Ihren Körper mittels Sport ganzheitlich zu bewegen und Ihren Geist mittels Meditation und Entspannung zu pflegen. Entwickeln Sie Rituale, die Ihnen Struktur, Sicherheit und Klarheit schenken und die Ihnen helfen, den Tag loszulassen.

› Vermeiden Sie permanente elektronische Ablenkung, z. B. durch SMS, E-Mails, Nachrichten, Newsletter, Facebook, Twitter etc. Richten Sie sich ganz bewusst Zeitfenster für die digitale Welt ein. Geben Sie dem, was Sie gerade tun, stets Ihre volle Aufmerksamkeit, egal, ob Sie eine E-Mail schreiben, telefonieren, Staub wischen, die Kinder zur Schule bringen, einkaufen, eine Besprechung leiten, einen Geschäftsabschluss unter Dach und Fach bringen, mit Ihrem Partner sprechen, Ihrem Hobby nachgehen oder eine Reise planen.

› Sorgen Sie für eine klare Struktur, für Ordnung und Ruhe. Wenn Sie eine Arbeit erledigt haben, lassen Sie sie los. Lernen Sie, sich selbst und anderen zu vertrauen. Sehen Sie sich nicht als Einzelkämpfer im Beruf, sondern als ein Teamplayer im Leben. Erinnern Sie sich daran, dass wir alle untrennbar miteinander verbunden sind. Erkennen Sie die gegenseitige Abhängigkeit an. Sie wissen, dass alles, was Sie tun, und alles, was Sie unterlassen, nicht nur eine Wirkung auf Sie, sondern auf die ganze Welt hat.

Der »rechte« Lebenserwerb trennt nicht zwischen dem Leben und dem Erwerb. Rechter Lebenserwerb **ist** Ausgeglichenheit, Ganzheitlichkeit, Verbundenheit und Sinnhaftigkeit. Wir verfallen einem katastrophalen Irrglauben, wenn wir denken, dass wir zwischen dem Leben und dem Beruf oder der Freizeit und der Arbeit eine strikte Trennung vollziehen können. Trennen teilt, bewertet und vergleicht, und das schafft Leid und macht uns unglücklich, krank, gierig und unzufrieden. Wir müssen wieder lernen, unserem Leben und unserer Arbeit einen Wert beizumessen, den wir achten, lieben, schätzen und genießen können. Wir müssen auch ein Bewusstsein dafür entwickeln, dass ein Leben ohne Arbeit kein Leben ist.

EIGENREFLEXION

- Was bedeutet für mich Freizeit?
- Was bringt mir meine freie Zeit?
- Wo versuche ich, im Alltag Zeit zu sparen?
- Nutze ich diese Zeiteinsparung auch wirklich für etwas anderes?
- Wenn ja, wofür?
- Ist mir meine Arbeit wichtiger als meine Freizeit?
- Oder ist mir meine Freizeit wichtiger als meine Arbeit?
- Wie stelle ich wieder Harmonie und Verbundenheit zwischen meinem Leben und meinem Beruf her?
- Was bedeutet für mich meine Zeit?
- Was bedeutet für mich mein Leben?

ÜBUNG »ARBEIT IST LEBEN«

Ersetzen Sie in den nachfolgenden Sätzen das Wort »Arbeit« mit dem Wort »Leben«:

> Ich habe meine eigene **Arbeits**moral.
> Ich trenne Freizeit und **Arbeit**.
> Die **Arbeit** wächst mir über den Kopf.
> Ich habe eine **Arbeit**.
> Ich bin ein **Arbeits**tier.
> Ich habe meine **Arbeit** verloren.
> Ich habe eine gute **Arbeit** verdient.
> **Arbeit** ist Zeitverschwendung.
> Ich habe keinen **Arbeits**druck.
> Ich bin ein **Arbeits**muffel.
> Ich unterschreibe diesen **Arbeits**vertrag.
> Ich gehe in der **Arbeit** unter.
> Das ist meine **Arbeits**weise.
> Ich habe gute **Arbeits**zeiten.
> Meine **Arbeit** nimmt zu viel Zeit in Anspruch.
> Für mich bleibt keine **Arbeit** mehr übrig.
> Ich gebe bei der **Arbeit** mein Bestes.
> **Arbeit** lässt sich nicht bezahlen.
> Ich habe keine Zeit für meine **Arbeit**.
> Ich gehe in meiner **Arbeit** auf.
> Das ist mein **Arbeit**geber.
> Eine ethische **Arbeits**weise ist mir wichtig.
> Meine **Arbeit** ist mein Leben.
> Ich verwirkliche mich in meiner **Arbeit**.
> Ich bin glücklich und dankbar für meine **Arbeit**.
> **Arbeit** ist kostbar.

BUDDHA@WORK

Das Leben ist einfach! Hören Sie damit auf, es kompliziert zu machen. Die Trennung zwischen Arbeit und Leben schafft nur Leid. Der rechte Lebenserwerb schließt die rechte Lebensführung mit ein. Geben Sie Ihrem Leben und somit Ihrem Beruf einen Sinn und einen Wert, und vor allem: Genießen Sie es!

> Der WEG liegt nicht im HIMMEL.
> Der Weg liegt im HERZEN.
> Buddha

BURN-OUT

Aus den vorangegangenen Ausführungen können Sie ableiten, dass der rechte Lebenserwerb im ganzheitlichen Sinne auch die beste Vorbeugung gegen ein Burn-out ist. Der Begriff »Burn-out« beschreibt das körperliche und geistige Gefühl des Ausgebranntseins. Ausbrennen können wir im Privaten wie auch im Beruflichen, denn die geistige Einstellung spielt dabei eine maßgebliche Rolle. Sie unterscheidet nicht zwischen persönlichen, privaten oder beruflichen Anforderungen, Interessen und Zielen.

Gerade Menschen, die sich begeistern und die für eine Sache Feuer und Flamme sein können, die hohe Ansprüche und Erwartungen an sich selbst haben, die Schwierigkeiten haben, sich abzugrenzen und Nein zu sagen, die immer alles unter Kontrolle haben möchten, die nichts aus den Augen verlieren möchten, die nichts delegieren können, laufen Gefahr »auszubrennen«. Auch äußere Faktoren wie z. B. mangelnder Erfolg, zu wenig Anerkennung, Existenzängste, großer Druck oder ein schwieriges Arbeitsklima wirken in Richtung der Erschöpfung.

Stress zeigt sich immer dann, wenn Körper und Geist nicht zur selben Zeit am selben Ort sind. Achtsamkeit hat deshalb in der Burn-out-Prävention einen sehr hohen Stellenwert. Fokussieren hilft,

Denk- und Verhaltensmuster zu erkennen und zu durchbrechen. Das Wort »Stopp« ist die heilsame Psychologie des Augenblicks. Diese bewusste Unterbrechung von körperlichen oder gedanklichen Aktivitäten unterstützt uns dabei, wieder in die Gegenwart zu kommen, damit sich Körper und Geist erneut zu einem Ganzen verbinden können. Achtsam zu sein bedeutet aber auch, die eigene Wahrnehmung zu schulen, damit die eigenen Bedürfnisse erkannt und aufgespürt werden können. Erst danach sind wir in der Lage, ihnen gerecht zu werden.

Der »mittlere Weg« Buddhas beschreibt die Mitte zwischen zwei Extremen. Er ist das rechte und gesunde Maß. Buddha sagte einst zu seinen Schülern: »Spannst du eine Saite eines Musikinstruments zu stark, wird sie reißen. Spannst du sie zu schwach, kannst du nicht auf ihr spielen. Nur wenn die Saite weder zu stark noch zu schwach gespannt ist, kannst du eine schöne Melodie spielen.« Beim Burn-out haben wir das innere und das äußere Gleichgewicht, die richtige Spannung verloren.

Wir alle erfahren in unserem Leben früher oder später einmal Unrecht. Wir sind unzufrieden, fühlen Schmerz oder Verzweiflung, sind genervt, unglücklich, gestresst und frustriert. Wir stehen unter Druck, und wir leiden, aber es gibt einen Ausweg:

› Erkennen Sie, dass Sie leiden.
› Beschließen Sie, dass Sie das Leiden überwinden.
› Erinnern Sie sich daran, dass sich alles verändert. Nichts bleibt für immer.
› Ändern Sie sich selbst, dann wird sich die Welt verändern.

Grundsätzlich können wir zwischen zwei Arten des Leids unterscheiden. Erstens: das unvermeidbare Leid, das jedem widerfährt. Und zweitens: das vermeidbare Leid. Es ist das Leid, das wir uns selbst zufügen. Unvermeidbares Leid ist zum Beispiel das Leid, das durch Geburt, Alter, Krankheit, Sterben und Tod entsteht. Wir alle werden im Laufe unseres Lebens Menschen und Dinge verlieren, die wir lieben. Die Welt verändert sich, wir bekommen nicht immer das, was wir uns erhofft oder gewünscht haben, oder wir müssen sogar mit etwas leben, was wir nicht wollen, was wir uns nicht gewünscht oder ausgesucht haben. Jeder Mensch ist diesem unvermeidbaren Leid unterworfen. Es sind die »unvermeidbaren leidvollen Lebenspfeile«, die Sie treffen, einfach nur aufgrund der Tatsache, dass Sie am Leben sind.

Und dann gibt es da die »vermeidbaren leidvollen Lebenspfeile«. Das sind die Pfeile, die wir zusätzlich, zu den »unvermeidbaren leidvollen Lebenspfeile« auf uns selbst schießen. Wir werden krank und hadern mit dem Schicksal. Wir werden kritisiert und beginnen, an uns zu zweifeln. Wir arbeiten und verbieten uns, Fehler zu machen. Wir bekämpfen das Alter, indem wir der Jugend hinterherrennen. Wir ignorieren Veränderungen und stagnieren. Wir sind gestresst und weigern uns, Hilfe anzunehmen. Statt uns über den Erfolg eines anderen zu freuen, konkurrieren wir mit ihm. Anstatt bedingungslos zu lieben, halten wir fest, aus Angst, zu verlieren. Wir genießen die Gegenwart nicht, weil wir die Vergangenheit festhalten und uns vor der Zukunft fürchten …

Wir können uns sowohl das Leben als auch den Beruf schwer oder leicht machen. Die Entscheidung liegt bei uns:

....

Vor langer Zeit begab sich ein kluger Mann auf eine Reise. Er begegnete einer alten Frau, die ihm Unterschlupf in ihrem einfachen Haus anbot. Der Mann war beeindruckt von der Offenheit und Hilfsbereitschaft der alten Dame und erkundigte sich nach ihrem geschätzten Namen. Sie aber gab nur zur Antwort: »Mein Name? Was für ein Name? Ich benötige keinen Namen. Ich hatte in meinem Leben schon so viele Namen!« Der Mann war verdutzt, verwirrt und erschrocken zugleich, denn er erkannte plötzlich in der alten Frau eine junge Verführerin, eine liebevolle Mutter, eine sorgsame Ehefrau, eine hinterhältige Hexe, eine hervorragende

Köchin, eine verstohlene Diebin, eine fürsorgliche Wohltäterin, eine tapfere Kriegerin, eine Heilige und eine Weise! Von solch einer Frau wollte er lernen. Er bat um Unterricht bei der alten Frau, und sie gewährte ihn ihm.

Nach einigen Monaten nahm die Frau drei Steine in die Hand und führte den Mann ins Freie. »Siehst du den alten Baum in dreißig Metern Entfernung von hier?«, fragte sie ihren eifrigen Schüler. »Ja, ich sehe den Baum!«, gab der Mann zur Antwort. »Gut«, erwiderte die alte Weise und fügte ergänzend hinzu: »Du hast drei Steine und somit drei Würfe frei. Mit einem musst du diesen Baum treffen. Wenn du das nicht schaffst, werde ich dich nicht weiter unterrichten!«

Der Mann wurde sichtlich nervös. Er hob den Arm, zielte, warf und verfehlte den Baum. »Du hast zu weit nach links gezielt. Wenn du deine innere Mitte finden willst, musst du jetzt mehr nach rechts werfen, und zwar genau so viel, wie du zuvor zu viel nach links geworfen hast«, sprach die Lehrerin sanft, aber bestimmt. Der Mann setzte zum zweiten Wurf an. Er konzentrierte sich und warf den Stein. Die Richtung war korrekt, aber der Wurf zu schwach. Der Stein verfehlte den Baum. Ängstlich und zitternd, sich der Konsequenzen bewusst, hob der Mann zum dritten und letzten Wurf an. Noch bevor er den Stein werfen konnte, nahm ihn die Alte bei der Hand und führte ihn direkt vor den Baum. Sie lächelte, als sie sanftmütig zu ihm sprach: »Ich habe nie von dir verlangt, dass du es dir so schwer machen musst!«

....

Auf Ihr Berufsleben übertragen bedeutet das:

› Grenzen Sie sich ab.
› Lernen Sie, Nein zu sagen.
› Machen Sie bewusst Pausen.
› Bitten Sie um Unterstützung.
› Nehmen Sie Hilfe in Anspruch.
› Geben Sie Verantwortung ab.

› Lernen Sie, Dinge zu delegieren.
› Überprüfen Sie Ihre Erwartungen.
› Lernen Sie, Unvorhergesehenes zu schätzen.
› Vermeiden Sie vermeidbares Leid, das Sie sich selbst zufügen.
› Finden Sie körperlich und gedanklich immer wieder in die Gegenwart zurück.
› Schulen Sie Ihre Achtsamkeit und Ihre Wahrnehmungsfähigkeit.
› Finden Sie die Mitte zwischen den Extremen.
› Lassen Sie los, und spüren Sie die Energie, die Sie dadurch freisetzen.
› Bewegen Sie Ihren Körper, und pflegen Sie Ihren Geist.
› Suchen Sie nach Orten und Zeiten, in denen Sie gezielt Ihre Reserven auftanken können. Meiden Sie Menschen, die Ihnen Energie rauben.
› Unterbrechen Sie ganz bewusst mit dem Wort »Stopp« unheilsame Gewohnheits- und Handlungsmuster.
› Lenken Sie Ihren Fokus auf das, was Sie erreicht haben, und nicht auf all das, was noch aussteht oder anfällt.

EIGENREFLEXION

- Wo fühle ich kein Gleichgewicht mehr?
- Wo empfinde ich zu viel oder zu wenig Spannung?
- Wo schieße ich leidvolle Pfeile auf mich selbst ab?
- Wo stehe ich mir selbst im Weg?
- Wann und wo setze ich mich selbst unter Druck?
- Was bereitet mir Freude?
- Was schenkt mir Kraft?
- Was kostet mich Energie?
- Was macht mir Ärger?
- Was tut mir gut?
- Wo kann ich auftanken?
- Was bringt mich wieder in Balance?

ÜBUNG
»VERTIEFUNG DER INNEREN KRAFT«

Nehmen Sie Ihre Meditationshaltung ein. Schließen Sie die Augen, entspannen Sie den Körper, und lassen Sie Ihre Gedanken wie Wolken am Himmel vorbeiziehen. Finden Sie zu körperlicher und geistiger Ruhe. Richten Sie Ihre Achtsamkeit auf die Atmung. Atmen Sie während der gesamten Übung entspannt und ruhig durch die Nase ein und aus.

1. Vertiefung: ein – aus

Begleiten Sie Ihre Einatmung geistig mit dem Wort »ein« und Ihre Ausatmung mit dem Wort »aus«. Verweilen Sie ein paar Minuten. Sie sind sich zu jeder Zeit bewusst, dass Sie »einatmen«. Sie sind sich zu jeder Zeit bewusst, dass Sie »ausatmen«.

2. Vertiefung: achtsam – wahrnehmen

Vertiefen Sie Ihre Atmung weiter, indem Sie gedanklich beim Einatmen das Wort »achtsam« und beim Ausatmen »wahrnehmen« wiederholen. Verweilen Sie ein paar Atemzüge. Sie sind sich zu jeder Zeit bewusst, dass Sie beim Einatmen »achtsam« sind. Sie sind sich zu jeder Zeit bewusst, dass Sie beim Ausatmen »wahrnehmen«.

3. Vertiefung: natürlich – entspannen

Vertiefen Sie Ihre innere Kraft weiter, indem Sie beim Einatmen geistig das Wort »natürlich« und beim Ausatmen »entspannen« wiederholen. Verweilen Sie ein paar Minuten. Sie sind sich zu jeder Zeit bewusst, dass Sie beim Einatmen »natürlich« sind. Sie sind sich zu jeder Zeit bewusst, dass Sie sich beim Ausatmen »entspannen«.

4. Vertiefung: liebevoll – zentrieren

Vertiefen Sie Ihre innere Kraft weiter, indem Sie beim Einatmen bewusst gedanklich das Wort »liebevoll« und beim Ausatmen »zentrieren« wiederholen. Verweilen Sie ein paar Atemzüge. Sie sind sich zu jeder Zeit bewusst, dass Sie beim Einatmen »liebevoll« sind. Sie sind sich zu jeder Zeit bewusst, dass Sie sich beim Ausatmen »zentrieren«.

5. Vertiefung: Herz-Geist – erwachen

Sie vertiefen Ihre innere Kraft weiter, indem Sie beim Einatmen gedanklich das Wort »Herz-Geist« und beim Ausatmen »erwachen« wiederholen. Verweilen Sie ein paar Minuten. Sie sind sich zu jeder Zeit bewusst, dass Sie beim Einatmen »Herz-Geist« sind und beim Ausatmen »erwachen«.

Verweilen Sie noch einen Moment in dieser ruhigen, zentrierten Kraft. Genießen Sie die Stille und die Harmonie. Finden Sie zu Ihrer inneren Mitte zurück.

BUDDHA@WORK

Der Weg der Mitte ist Ihr Ziel. Finden Sie zu Ihrem inneren Gleichgewicht zurück. Ändern Sie sich selbst, um die Welt zu verändern. Schießen Sie zu den unvermeidbaren leidvollen Lebenspfeilen, die Sie ohnehin treffen, nicht noch eigene ab, die vermeidbaren leidvollen Lebenspfeile. Achtsamkeit bringt Sie in die Gegenwart zurück. Nehmen Sie sich selbst wahr. Verbinden Sie Ihren Körper und Ihren Geist. Lernen Sie, zu delegieren, setzen Sie Grenzen, und sagen Sie Nein. Achten Sie gut auf sich. Tanken Sie regelmäßig Energie, finden Sie Ruhe und Kraft.

> Du LÄCHELST,
> und die WELT verändert sich.
> Buddha

DER UMGANG MIT KONFLIKTEN

Wo Menschen einander begegnen, zusammenleben und zusammen arbeiten, entstehen Konflikte. Es gibt Probleme zwischen zwei Personen, zwischen Gruppen, Völkern und Ländern. Und es gibt innere Auseinandersetzungen und innere Kämpfe, die wir mit uns selbst ausfechten. Auch diese Herausforderungen gehören zu unserer Entwicklung und zu unserem Leben dazu. Gerade das berufliche Umfeld bietet Konflikten einen guten Nährboden. Meist geht einem Konflikt im Außen ein Konflikt im Inneren voraus. Doch Konflikte sind etwas Natürliches, und wir Menschen sind nicht perfekt. Diese Einsicht kann bereits helfen und dazu beitragen, gewissen Situationen gelassener zu begegnen, mehr Verständnis für das Gegenüber zu entwickeln und in einer schwierigen Lage vielleicht etwas vorurteilsfreier und ruhiger zu agieren.

Es gibt die verschiedensten Strategien zur Konfliktlösung, denn jeder Mensch reagiert anders. Während der eine ausweicht, flüchtet, verdrängt oder sich kampflos ergibt, geht der andere in die Offensive und stellt sich der Auseinandersetzung. Manche ignorieren Schwierigkeiten, gehen ihnen aus dem Weg, vermeiden oder delegieren sie einfach weiter. Und dann sind da diejenigen, die immer einen Kompromiss oder eine Einigung suchen. Und zu guter

Letzt gibt es Menschen, die in jedem Konflikt auch eine Möglichkeit zur Entwicklung, zum Wachstum und zum Fortschritt sehen.

Grundlage der Konfliktlösung aus buddhistischer Sicht sind die Einsicht und das Mitgefühl. Mittels gezielter Meditation, also der Schulung des Geistes, und des Achtsamkeitstrainings werden bewusst Freiräume geschaffen, die Klarheit, Verständnis und Genügsamkeit fördern. Es geht darum, den nötigen Abstand, also die heilsame Distanz, zu den eigenen und zu den Emotionen der anderen zu gewinnen. Nur so verschaffen wir uns einen ganzheitlichen Überblick über die Sachlage, vertiefen die Selbsterkenntnis und entwickeln die Fähigkeit, uns in unser Gegenüber hineinzuversetzen. Unser Verständnis und unser Mitgefühl werden gefördert. Im besten Fall lernen wir, den Konflikt zu transformieren. Transformation meint hier, den Konflikt auf eine andere Ebene anzuheben, die eine Entwicklung der Beziehung, eine Veränderung der Ziele und somit eine Verbesserung der Bedürfnisse aller Parteien anstrebt. Es geht also nicht nur um einen Kompromiss oder um eine »Win-Win-Situation«.

Nachfolgend möchte ich anhand eines Beispiels aufzeigen, wie viele verschiedene Lösungen es für einen einzigen Konflikt geben könnte. Zwei Personen, ich nenne sie Mira und Tom, streiten sich um ein Buch. Das sind mögliche Strategien:

› Mira bekommt das Buch, weil Tom darauf verzichtet.
› Tom vernichtet das Buch. Weder Mira noch Tom bekommt das Buch.
› Mira kauft sich ein anderes Buch. Tom erhält das Buch.
› Sowohl Mira als auch Tom verlieren das Interesse am Buch. Keiner will das Buch haben.
› Mira und Tom einigen sich, dass keiner von beiden das Buch bekommt. Sie verschenken das Buch.
› Mira und Tom nehmen sich je einen Anwalt. Der Fall »Buch« geht vor Gericht. Der Richter entscheidet aufgrund der Sachlage, wer von beiden das Buch erhält.

› Mira und Tom teilen sich das Buch. Zuerst liest Mira das Buch, dann bekommt Tom das Buch zum Lesen.
› Mira und Tom lesen das Buch gemeinsam.
› Mira und Tom laden ihre Freunde ein und organisieren einen Leseabend.
› Mira und Tom gründen einen »Verein für friedliche Lesefreunde«. Alle Mitglieder stellen ihre Bücher kostenlos zur Verfügung. Einmal pro Monat laden sie einen Autor ein, der aus seinem Werk vorliest. Sie führen zudem verschiedene themenspezifische Workshops durch. Mit dem Erlös aus den Seminaren unterstützen sie ein Hilfsprojekt in Afrika, das Schulkindern Zugang zur Literatur verschafft.

In Konflikten geht es immer um Recht oder Unrecht, ich oder du, mein oder dein, also letztlich um Sieg oder Niederlage, Gewinn oder Verlust. In den meisten Fällen gibt es am Ende aber nur Verlierer. Auch die vermeintlichen Gewinner büßen mit ihrer Energie, ihrem Geld oder ihrer Zeit.

In unserem Beispiel zeigt die letzte Konfliktlösung auf, wie sich ein Konflikt auf eine neue Ebene transformieren lässt. In der Kampfkunst bezeichne ich diese Transformation als »in das Verlieren investieren«. Im Zen findet man dafür auch die Begriffe »sich selbst vergessen« oder »den Anfängergeist kultivieren«. Ziel ist die Entfaltung und ein Leben im Einklang mit der wahren, vollkommenen Natur, dem Buddha-Wesen in uns. Mit der Aussage »in das Verlieren investieren« meine ich, alte und festgefahrene Muster, Vorstellungen, Konzepte, Meinungen und Erwartungen auf der körperlichen und auf der geistigen Ebene loszulassen. Laotse, der chinesische Philosoph (6. Jahrhundert v. Chr.), formulierte es sehr treffend: »Nach Wissen zu suchen, heißt, Tag für Tag zu gewinnen – das Tao (den Sinn, die Erleuchtung) zu suchen, heißt, Tag für Tag zu verlieren.«

Hören Sie auf, sich zu anderen in Konkurrenz zu setzen und sich zu vergleichen. Vergleichen heißt urteilen, teilen, trennen. Trennung schafft Leid! Und Leid ist ja genau das, was niemand von uns möchte. Eine entscheidende Rolle spielt dabei, dass Sie sich nicht mehr so stark mit Ihren Gedanken, Gefühlen und Emotionen identifizieren.

Diese Aufforderung ist nicht ganz einfach, denn von klein auf wurde uns beigebracht, dass unsere Gefühle ein zentraler, bestimmender und überlebenswichtiger Bestandteil unseres Lebens sind: Wenn wir nicht kämpfen, sind wir feige. Wenn wir nicht eifersüchtig sind, lieben wir zu wenig. Wenn wir keinen Stolz empfinden, ist unser Selbstwert zu schwach. Wenn wir nicht wütend sind, kann man alles mit uns machen. Wenn wir zu mitfühlend sind, werden wir ausgenutzt. Wenn wir etwas nicht festhalten, nimmt es uns ein anderer weg. Wenn wir nicht egoistisch sind, kommen wir zu kurz ...

Die buddhistische Psychologie steht Gefühlen kritischer gegenüber. Sie fordert uns auf, die wahre Natur, den Ursprung unserer Gefühle und Emotionen zu erforschen, um weniger abhängig von ihnen zu sein. Oft erleben wir uns als hilf- und machtlos gegenüber unseren eigenen Gefühle und denen unserer Mitmenschen. Wenn wir aber erkennen, wie Gefühle entstehen, entziehen wir ihnen den Nährboden. Wir können dann stark in unseren Empfindungen sein, ohne uns blindlings von unserem Gefühlsleben leiten zu lassen.

Gefühle entstehen durch eine positive, negative oder neutrale Spannung in Ihrem Körper. Alles, was Sie erfahren, erleben, sehen und spüren, bewerten Sie umgehend mit: Das mag ich, das mag ich nicht oder das ist mir egal. Über die drei Geistesgifte haben Sie bereits im Kapitel »Macht Geld glücklich?« gelesen. Es sind die Störgefühle und Geisteszustände, die Leid hervorbringen. Auf die Bewertung folgen unverzüglich die emotionalen Reaktionen wie Wut, Ärger, Neid, Gier, Freude, Angst, Trauer, Gleichgültigkeit etc.

Als Beispiel:

- ›»Das mag ich« bedeutet: Das will ich haben. Ich halte fest (anhaften, besitzen wollen, sich absichern, gierig, neidisch und eifersüchtig sein).
- ›»Das mag ich nicht« bedeutet: Das will ich nicht haben. Ich lehne ab (abweisen, verweigern, wegstoßen, sich auflehnen, zornig, wütend und missmutig sein).
- ›»Das ist mir egal« bedeutet: Darum kümmere ich mich nicht. Ich ignoriere es (egoistisch, anmaßend, arrogant, stolz, verblendet und gleichgültig sein).

Der Ablauf ist also wie folgt: Wir fühlen, dann bewerten wir, und danach reagieren wir. In unserem Alltag geschieht das allerdings so schnell, dass wir diesen Ablauf nicht nachvollziehen können. Es ist wichtig, zu wissen, dass sich eine Emotion nicht sehr lange im Körper halten kann. Die Emotion, die elektrische Spannung in den Nervenzellen, baut sich ohne einen neuen Input schnell wieder ab. Konkret heißt das, dass Ihre Gedanken Ihre Gefühle am Leben erhalten und dass Ihre Gefühle Ihre Emotionen hervorbringen. Wenn Sie sich also den ganzen Tag lang schlecht fühlen, erneuern Sie permanent ganz selbstständig und eigenverantwortlich die elektrische Spannung in den Nervenzellen in Ihrem Körper, indem Sie unaufhörlich Ihre schlechten Emotionen mit Ihren schlechten Gefühlen füttern!

So gehen Sie mit Emotionen um:

- ›»Erkennen Sie die Emotion« heißt: Ich habe sie hervorgebracht.
- ›»Akzeptieren Sie die Emotion« bedeutet: Ich hadere nicht mit ihr.
- ›»Erforschen Sie die Emotion« heißt: Ich überprüfe die inneren und äußeren Zustände. Was ist tatsächlich passiert? Was war der Auslöser? Was ist die Ursache? Was hat dazu geführt?

> Nicht-Identifikation bedeutet: Ich setze mich nicht mit meinen Emotionen gleich. Ich distanziere mich von ihnen. Sagen Sie z. B. »Ich HABE Angst«, nicht »Ich BIN ängstlich«, »Ich VERSPÜRE Wut« und nicht »Ich BIN wütend« oder »Ich HABE eine Depression« und nicht »Ich BIN depressiv.«

Lernen Sie, ganz allgemein weniger zu bewerten und Verantwortung für Ihre Gefühle, Empfindungen und Emotionen zu übernehmen. Kategorisieren Sie nicht nur in Positiv und Negativ oder Richtig und Falsch. Überprüfen Sie ab jetzt Ihre Emotionen auf deren heilsame oder unheilsame Wirkungen hin. Genuss empfinden Sie z. B. als positiv. Er kann Sie aber auch süchtig machen, also kann Genuss auch unheilsam sein. Wut empfinden Sie als negativ. In einer Selbstverteidigungssituation kann sie Sie aber schützen, also kann Wut auch heilsam sein. Es fühlt sich im Moment gut und entspannend an, jeden Abend eine Flasche Rotwein zu trinken. Diese Gewohnheit ist für die physische und psychische Gesundheit langfristig aber unheilsam. Der Verzicht auf ein Gerichtsverfahren kann kurzfristig als Schwäche und somit negativ empfunden werden. Langfristig ist diese Entscheidung aber heilsam, weil Sie gelernt haben, loszulassen.

Versuchen Sie beim nächsten inneren oder äußeren Konflikt, die sechs Paramitas anzuwenden. Der Begriff »Paramita« kann mit »Vollkommenheit« übersetzt werden. Er bezeichnet sechs transzendente Tugenden, die Ihnen die Kraft geben, das Leiden, den Schmerz und die Unvollkommenheit zu überwinden. Die Paramitas werden auch als die »erleuchtenden Qualitäten des Herzens« bezeichnet. Grundsätzlich sind sie unsere wahre Natur, unsere reine, vollkommene Essenz. Unsere falsche Wahrnehmung der Welt, unsere Unwissenheit und unser Irrglaube über unser Selbst lassen uns an unserem Ich, unserem Ego, festhalten, uns in Konkurrenz und in den Wettbewerb mit anderen treten und uns in einen Streit und in den Krieg ziehen. Die sechs Paramitas haben die Qualität, alle inneren und äußeren Begrenzungen und Konflikte, unsere

Illusionen und unsere Selbstsucht aufzulösen. Sie führen uns zur Vollkommenheit und zu wahrem Frieden und Glückseligkeit.

Das erste Paramita ist die Großzügigkeit.

Kommunizieren Sie mit anderen, lassen Sie sie an Ihren Gedanken, Wünschen, Vorstellungen, Hoffnungen, Ideen, Ängsten, Zweifeln, Ihrem Wissen teilhaben. Tauschen Sie sich aus. Lösen Sie sich aus Ihrer Engstirnigkeit und Voreingenommenheit. Hören Sie wirklich zu. Geben Sie ohne Vorbehalte, seien Sie nachsichtig und tolerant. Tun Sie das, was getan werden muss, aber reagieren Sie nicht aus Trotz. Blähen Sie Ihr Ego nicht auf. Seien Sie gnädig zu sich selbst und zu Ihren Mitmenschen. Entwickeln Sie Offenheit, und lernen Sie, loszulassen und zu vergeben. Die Fähigkeit, loszulassen, ist eine wichtige Grundvoraussetzung für die Tugend der Großzügigkeit. Lernen Sie, zu geben, selbstlos, ohne Erwartung und Anhaftung, ohne Ziel, ohne Anspruch auf Dankbarkeit, Verdienst oder einen Vorteil. Schenken Sie Ihre Zeit, Ihr Wissen, Ihr offenes Ohr, Ihre mitfühlenden Worte, Ihre Anerkennung, Ihre Energie, Ihre positiven Gedanken und Ihr wohlwollendes Herz.

Fragen Sie sich nun: Was bedeutet für mich der Begriff »Großzügigkeit«? Bin ich großzügig? Wenn ja, wann und wo? Ist meine Großzügigkeit absichtslos? Wo liegt noch Potenzial? Wie kann ich diese Ressourcen um- bzw. einsetzen?

Das zweite Paramita ist das sinnvolle (ethische) Verhalten.

Entwickeln Sie ein Bewusstsein für das Gesetz von Ursache und Wirkung. Unterlassen Sie das, was schädlich und unheilsam ist. Wenden Sie weder körperliche noch geistige Gewalt an. Drohen Sie nicht. Üben Sie keine verbale Macht aus. Fördern Sie ganz bewusst das Heilsame und den Frieden. Kultivieren Sie Mitgefühl, und erkennen Sie, dass die Verletzung anderer in Wahrheit eine Selbstverletzung ist. Entwickeln Sie den Wunsch, anderen wirklich zu helfen. Sie wollen Leid vermindern. Überwinden Sie böswilliges Verhalten. Bewahren Sie Ihre Umgangsformen, und orientieren Sie sich an den höchsten Werten von Moral, Anstand und Sittlichkeit. Behalten Sie einen klaren Kopf, und trüben Sie Ihr Bewusstsein nicht. Grundlage ethischen Verhaltens ist immer die Verbundenheit, die Einsicht, dass Sie nicht getrennt von Ihren Mitmenschen existieren können. Bleiben Sie freundlich, verbreiten Sie keinen Klatsch und Tratsch. Verbreiten Sie keine Angst. Schüren Sie nicht das Unglück oder falsche Denk- und Handlungsweisen. Kultivieren Sie Offenheit, Klarheit und Gutherzigkeit.

Fragen Sie sich nun: Was bedeutet für mich der Begriff »Ethik«? Lebe ich nach meinen ethischen Grundsätzen? Wenn ja, wie lebe ich Ethik? Gibt es noch Spielraum? Wie integriere ich diesen?

Das dritte Paramita ist die Geduld.

Legen Sie Erwartungen und Vorurteile ab. Handeln Sie überlegt und beherrscht. Kehren Sie immer wieder in den gegenwärtigen Augenblick zurück, und nehmen Sie wahr, was tatsächlich passiert. Bleiben Sie auch in schwierigen Situationen gelassen, mitfühlend und offen. Seien Sie umsichtig, und bewahren Sie Ihre innere Ruhe und Ihren Gleichmut. Denken, fühlen, reden und handeln Sie friedfertig. Lernen Sie, Menschen, Dinge und Situationen anzunehmen, zu akzeptieren und auszuhalten, denn nur so können Sie sich mit ihnen verändern. Etwas ertragen zu können ist weder passiv oder feige noch eine Schwäche. Im Gegenteil: Beständigkeit, Beherrschung und Ausdauer sind geistige Stärken und zeugen von einer inneren Kraft und Besonnenheit. Verbinden Sie sich in schwierigen Situationen immer wieder mit Ihrem Atem. Schaffen Sie dadurch die Brücke zwischen Ihrem Körper und Ihrem Geist. Zählen Sie Ihre Atemzüge, oder atmen Sie ganz einfach tief ein und aus. Ihre Geduld ist dann am meisten gefragt, wenn Sie im Begriff sind, sie zu verlieren.

Fragen Sie sich nun: Was bedeutet für mich der Begriff »Geduld«? Bin ich geduldig? Wo erlebe ich mich als ungeduldig? Wer oder was löst diese Ungeduld in mir aus? Was muss ich tun, damit ich mein inneres Gleichgewicht nicht mehr verliere?

Das vierte Paramita ist die freudvolle Anstrengung (Beharrlichkeit).

Bleiben Sie motiviert und engagiert. Verharren Sie nicht. Suchen Sie ernsthaft nach einer Lösung. Seien Sie nicht berechnend, und halten Sie weder Ihr Wissen noch Ihre Energie zurück, die zum Frieden, zur Einigung und zu Harmonie führen können. Bemühen Sie sich um Klärung, scheuen Sie dabei weder Aufwand noch Einsatz. Verbeißen Sie sich aber nicht, sondern handeln Sie aus Ihrer inneren Mitte heraus. Erkennen Sie die Chancen und Möglichkeiten, die in jeder Aufgabe, jedem Problem und jedem Konflikt liegen. Bleiben Sie mit Hingabe und begeisterter Beharrlichkeit dran, auch wenn Sie nicht als »Sieger« das Spielfeld verlassen werden. Es braucht Mut, Energie und die Bereitschaft, für das Gute zu kämpfen, aber es lohnt sich. Erkennen Sie Rückschläge als Chancen, etwas noch einmal völlig neu versuchen zu dürfen. Nehmen Sie Fehler als das wahr, was sie sind: eine Momentaufnahme des Lebens, in der etwas gefehlt hat. Bleiben Sie dran.

Fragen Sie sich nun: Was bedeutet für mich der Begriff »Anstrengung«? Erlebe ich mich selbst als beharrlich? Wann gebe ich auf? Strenge ich mich nur an, wenn ich gewinnen kann? Was muss sich ändern, damit ich unabhängig von persönlicher Anerkennung oder Belohnung bereit bin, mein Bestes zu geben?

Das fünfte Paramita ist die Konzentration (Sammlung).

Schöpfen Sie in der Ruhe wertvolle Energie. Verbinden Sie sich mit Ihrer inneren Quelle der Kraft. Erlauben Sie sich, sich zu sammeln, sich zu konzentrieren und sich zurückzuziehen. Beruhigen Sie Ihren Körper und Ihren Geist. Erfahren Sie eine wohltuende Distanz und Klarheit, die Ihnen hilft, sich einen ganzheitlichen Überblick zu verschaffen oder sogar einen Perspektivenwechsel vorzunehmen. Stellen Sie sich Ihren Gefühlen und Emotionen. Werden Sie sich über Ihre Gedanken und Motive klar. Versuchen Sie, sich aus dem Schema F und somit aus den Gewohnheitsmustern und Gewohnheitsenergien zu lösen. Überwinden Sie die alltäglichen Täuschungen, Illusionen und Verwirrungen, die Ihnen Ihr Geist gekonnt vorspielt. Trainieren Sie Ihren Geist darauf, gelassen, achtsam und auf eine Sache ausgerichtet zu sein. Erfahren Sie, wie die Welt – und wie Sie selbst – tatsächlich sind und funktionieren. Entwickeln Sie aus dieser inneren Bewusstheit Klarheit, Mitgefühl, Sicherheit, Weisheit, Stärke und inneren Frieden. Grundvoraussetzung für die Fähigkeit der Konzentration und Sammlung sind Geduld und freudvolle Anstrengung. Bringen Sie Ihren Geist immer wieder in die Gegenwart zurück. Fokussieren Sie sich auf das, was Sie gerade tun. Bleiben Sie achtsam, und schulen Sie sich in Meditation. Erkennen Sie das Potenzial, das in einem klaren, gleichmütigen und freien Geist steckt.

Fragen Sie sich nun: Was bedeutet für mich der Begriff »Konzentration«? Wie trainiere ich meinen Geist? Wann erlaube ich meinen Gedanken, zur Ruhe zu kommen? Wie stabilisiere ich meinen Geist? Und wie gehe ich mit meinen Gefühlen und Emotionen um?

Das sechste Paramita ist die Weisheit.

Erkennen Sie die eigenen und die Bedürfnisse anderer. Wer kämpft gegen wen? Um was wird tatsächlich gekämpft? Erkennen Sie, dass sich alles verändert und weder Werte, Meinungen, Dinge und Güter noch Menschen eine eigene, unabhängige Substanz aufweisen. Nichts enthält eine absolute Wirklichkeit. Nichts existiert aus sich selbst heraus. Alles ist mit allem und jedem verbunden. Weisheit entsteht durch gelebte Erfahrung und Einsicht. Sie ist vollkommenes Verstehen. Sie löst dogmatische und dualistische Sichtweisen auf und transformiert Angst, Gier, Hass und Verblendung in Mitgefühl, Akzeptanz, Verständnis, Großzügigkeit und Klarheit. Überwinden Sie Rechthaberei und Ich-Aufblähung. Schulen Sie Ihre Wahrnehmung, und bemühen Sie sich um das korrekte Verständnis der Natur der Realität. Lösen Sie den Schleier der Unwissenheit auf, und öffnen Sie Ihren Herz-Geist.

Fragen Sie sich nun: Was bedeutet für mich der Begriff »Weisheit«? Sehe ich die Dinge tatsächlich so, wie sie sind, oder lege ich mir meine eigene Wahrheit zurecht? Bin ich bereit, Veränderungen zu akzeptieren und meine Erwartungen loszulassen? Erkenne ich, dass ich Teil eines großen Ganzen bin? Dass ich untrennbar in Verbindung und in wechselseitiger Abhängigkeit mit allem und jedem stehe? Bin ich bereit, meine Ego-Anhaftung zu hinterfragen, zu durchschauen und schlussendlich die Ich-Bezogenheit zu überwinden?

EIGENREFLEXION

- Bin ich konfliktfreudig?
- Habe ich konkrete Strategien zur Lösung von Konflikten?
- Wie reagiere ich gewöhnlich in einem Streit?
- Möchte ich gewinnen, egal, was es kostet?
- Kann ich meine Gefühle und Emotionen gut kontrollieren, oder lasse ich mich von ihnen leiten?
- Kann ich meine Bedürfnisse und Empfindungen zum Ausdruck bringen?
- Wann verliere ich die Nerven?
- Was empfinde ich als Recht und als Unrecht?
- Geht es mir manchmal einfach nur ums Prinzip?
- Erkenne ich Parallelen in meinen Konfliktsituationen?
- Wenn ja, sehe ich Streitmuster oder Streitgewohnheiten?
- Wer oder was kann meine wunden Punkte reizen?
- Warum löse ich mich nicht aus dieser Abhängigkeit?

ÜBUNG »FRIEDEN SCHLIESSEN«

Dieses Ritual unterstützt Sie dabei, Geschehenes zu verarbeiten, Menschen oder Emotionen loszulassen und so wieder zu innerer Ruhe, Zufriedenheit und Gelassenheit zurückzufinden. In dem Moment, in dem Sie fähig sind loszulassen, befreien Sie sich von einer großen Last. Sie legen damit den Rucksack mit den gebundenen Energien ab, das Gewicht, das Ihren persönlichen Lebensfluss blockiert. Auf diese Weise lösen Sie die Anhaftung, den Widerstand oder die Distanz auf, die sich – bewusst oder unbewusst – zwischen Ihnen und einer anderen Person entwickelt und aufgebaut hat. Energien sind nicht zerstörbar, sondern nur wandelbar. Dieses universelle Gesetz machen Sie sich mit der nachfolgenden Übung zunutze.

Suchen Sie einen ruhigen Ort auf, an dem Sie etwa 15 Minuten ungestört verweilen können. Setzen Sie sich aufrecht auf einen Stuhl, oder nehmen Sie Ihre bevorzugte Meditationshaltung ein. Schließen Sie die Augen, und entspannen Sie sich. Lenken Sie Ihre Aufmerksamkeit sanft auf Ihre Atmung. Lassen Sie den Atem durch die Nase fließen. Stellen Sie sich entweder den Menschen vor, den Sie mit all Ihren guten Wünschen und Ihrer ganzen Liebe loslassen möchten, oder die Person, mit der Sie sich in Klarheit und Frieden wünschen. Vor Ihrem inneren Auge können Sie erkennen, dass Sie mit diesem Menschen auf drei Ebenen verbunden sind: Ein energetisches Band verbindet Sie auf der Ebene des Kopfes, eins auf der Ebene des Herzens und ein weiteres auf der Ebene des Bauches. Stellen Sie sich nun vor, wie Sie mit einer Schere ein Band nach dem anderen durchtrennen. Die Energie fließt dann jeweils in gleichen Teilen zu Ihnen und zu der anderen

Person zurück. Jeder erhält seinen Anteil zurück und kann vollständig, unabhängig und losgelöst von allen Bindungen seinen weiteren Lebensweg gehen. Verweilen Sie noch einen Moment in Ruhe und Stille, und genießen Sie die zurückgewonnene Freiheit.

BUDDHA@WORK

Konflikte sind etwas Natürliches. Finden Sie den wahren Auslöser, der hinter einem Konflikt steht. Viele innere Konflikte werden auf äußere Konfliktpartner übertragen. Erkennen Sie Ihren »Feind« als einen wertvollen Spiegel und als einen guten Lehrer. Sie sind Ihren Emotionen nicht machtlos ausgeliefert. Ihre Gedanken erzeugen Ihre Gefühle, und diese bringen Ihre Emotionen hervor. Denken Sie anders, damit Sie sich anders fühlen. Sie entscheiden, wie Sie in einer Konfliktsituation reagieren. Entscheiden Sie sich für die sechs befreienden Tugenden: Großzügigkeit, sinnvolles Verhalten, Geduld, freudvolle Anstrengung, Sammlung und Weisheit.

> Wenn du wissen willst, wer du WARST,
> dann schaue, wer du BIST.
> Wenn du wissen willst, wer du SEIN WIRST,
> dann schaue, was du TUST.
> Buddha

DIE SACHE MIT DEM ERFOLG

Buddha war ein exzellenter Motivationstrainer und Coach! Mit Aussagen wie: »Was du heute denkst, wirst du morgen sein«, »Gleich wie beschwerlich das Gestern war, stets kannst du im Heute neu beginnen« oder »Erfolg ist kein großer Schritt in der Zukunft, sondern ein kleiner Schritte im Heute« schenkt er uns noch heute wertvolle Impulse.

Erfolg ist eine Sache Ihres Denkens. Materieller oder geistiger Reichtum fängt immer in Ihrem Kopf an. Erinnern Sie sich an das Zitat von Meister Chandrakirti im Vorwort? »Die Erfolgschancen in allen Dingen liegen bei 100 Prozent.« Frei übersetzt heißt das: Es ist immer alles möglich. Erfolg muss man wirklich wollen, und jeder von uns entscheidet selbst, was für ihn Erfolg bedeutet.

In unserem Sprachgebrauch wird Erfolg automatisch mit Reichtum, Gewinn, Triumph, Sieg oder mit Glück gleichgesetzt. Bereits das Adjektiv »erfolg**reich**« impliziert die Fülle und nicht den Mangel. Erfolg kann aber auch einfach mit den Begriffen »Ergebnis«, »Fazit«, »Bilanz«, »Effekt« oder »Resultat« gleichgesetzt werden. Erfolg hat jeder, immer, denn Erfolg ist nichts anderes als die Auswirkung einer Handlung. Diese sagt zwar noch nichts darüber aus, ob es sich um einen positiven oder einen negativen Erfolg handelt, ob wir damit glücklich oder unzufrieden sind, aber es ist ein Erfolg.

Aber lässt sich Erfolg messen? Ja, wenn wir Erfolg lediglich über die Höhe unseres Einkommens, unseres Vermögens, über die Vielzahl unserer materiellen Güter, über unseren Rang, den Status und unseren Titel definieren. Diese einseitige Betrachtungsweise greift aber zu kurz. Wenn wir Erfolg nur an äußerlichen Werten, Zahlen, Fakten und Errungenschaften festmachen, wird er uns nie die lang anhaltende Befriedigung schenken, nach der wir uns tief im Herzen sehnen. Erfolg, der sich nur nach außen richtet, ist kurzlebig, vergänglich und auf Dauer nicht zufriedenstellend. Es ist also genauso wichtig, dass wir Erfolg auch im Inneren entwickeln, wahrnehmen und schätzen können. Wie zeigt sich Erfolg, der uns lang anhaltend glücklich und zufrieden stimmt?

Erfolg ist, ...

- wenn Sie mit Ihrem Leben eins sind.
- wenn Sie mit einem Lächeln und einem guten Gefühl den Tag beginnen und abends zufrieden und glücklich ins Bett fallen.
- wenn Ihnen Ihre Arbeit gefällt und sie Sie befriedigt.
- wenn Sie bereit sind, Verantwortung für Ihr Leben zu übernehmen.
- wenn Sie sich selbst akzeptieren und wertschätzen können.
- wenn Sie in der Gegenwart leben können.
- wenn Sie herzhaft über sich selbst lachen können.
- wenn Sie mit anderen teilen und sich mit ihnen freuen können.
- wenn Sie zu Ihren Bedürfnissen stehen können.
- wenn Sie einen Menschen an Ihrer Seite wissen, dem Sie vertrauen können und auf den Sie sich verlassen können.
- wenn Sie die Natur genießen können.
- wenn Sie die Ruhe des Geistes erfahren können.
- wenn Sie Ihren Körper spüren können und wissen, was er braucht.

› wenn Sie genügsam und geduldig sein können.
› wenn Sie sich entwickeln und verwirklichen können.
› wenn Sie es mit sich selbst aushalten können.
› wenn Sie so sein können, wie Sie tatsächlich sind.

Mir kommen immer wieder Geschichten von Menschen zu Ohren, die sich mehr Geld erhoffen, sich einen besseren Beruf vorstellen, gern in die Selbstständigkeit wechseln würden, sich mehr Freizeit wünschen, sich mehr Wissen aneignen wollen oder die einfach unzufrieden mit ihrem Leben sind. Sie beklagen sich, erkundigen sich bei ihren Freunden, was es für Möglichkeiten gibt, holen sich vielleicht sogar Rat bei einem Profi, aber letztlich sind sie nicht bereit, ihren Weg zu gehen. Sie möchten das Ziel, das Produkt, die Veränderung, ohne etwas zu **unternehmen** … Sie **unterlassen** es, die richtigen Ursachen zu setzen, die sie zu den ersehnten Wirkungen führen. Diese Lebenseinstellung kennzeichnet Buddha mit den folgenden Worten: »Das Geheimnis des außerordentlichen Menschen ist in den meisten Fällen nichts als Konsequenz.« Was unterscheidet nun also einen Unternehmer von einem Unterlasser?

Der Unternehmer:

› unternimmt, handelt und verändert.
› zeigt Interesse und entwickelt Eigeninitiative.
› sieht in Veränderungen und Entwicklungen eine Chance.
› ist bereit, Risiken einzugehen und Fehler zu machen.
› erkennt Probleme und Schwierigkeiten und sucht nach Lösungen.
› geht konstruktiv mit Kritik und Zweifeln um.
› ist geduldig, denn er kann auf seine Chancen warten.
› erkennt und nutzt Gelegenheiten, die sich ihm bieten.
› weiß um seine Fähigkeiten und Stärken und setzt sie ein.
› weiß um seine Schwächen und holt sich Unterstützung.
› wächst an Herausforderungen.

- ist lernfähig und entwicklungsbereit.
- überwindet die Angst vor dem Versagen.
- übernimmt die Verantwortung für sein Denken, Fühlen und Handeln.
- akzeptiert die Gegenwart und beeinflusst die Zukunft.
- findet das Gleichgewicht zwischen Geben und Nehmen.
- teilt und lässt auch andere an seinem Erfolg und Glück teilhaben, weil er weiß, dass nichts aus sich selbst heraus entsteht.
- erkennt die Verbundenheit mit allen Wesen, empfindet Mitgefühl und entwickelt Toleranz und Verständnis.

Der Unterlasser zeichnet sich durch eine destruktive Haltung aus. Er übernimmt nicht gern Verantwortung, meidet Herausforderungen, macht aus jeder Mücke einen Elefanten. Er neigt dazu, mit seinen Gedanken entweder in der Vergangenheit oder in der Zukunft zu verweilen. Die Gegenwart ist ihm nie genug, Schuld sind immer die anderen, in Aufgaben sieht er vor allem Probleme und keine Chancen. Er hat die Tendenz zur Ungeduld und oft das Gefühl, dass er zu kurz kommt. Der Unterlasser nimmt sich getrennt von seinem Umfeld wahr und scheut sich davor, Risiken einzugehen oder Fehler zu machen. Ganz allgemein denkt er in Problemen und nicht in Lösungen!

Mit jedem Gedanken und jedem Atemzug entscheiden Sie selbst, wie Sie leben möchten. Erkennen Sie diesen inneren Reichtum, und nutzen Sie ihn für Ihren ganz persönlichen Erfolg!

....

In Indien lebte eine Frau in einem kleinen, abgelegenen Haus. Als sie eines Tages aus ihrem Fenster blickte, standen drei sehr alte Männer mit langen weißen Bärten vor ihrer Tür. Die Männer waren weit gereist, sie sahen müde, hungrig und durstig aus. Die Frau öffnete die Eingangstür und erkundigte sich nach den Namen der drei. Der Erste antwortete: »Mein Name ist Reichtum.« – »Ich heiße Erfolg«, sagte der Zweite, und der dritte Mann sprach: »Ich bin die Liebe.« Die alte Frau bot den drei Männern Unterkunft und etwas zu essen an. Einer erwiderte auf die Einladung: »Das ist sehr nett von Ihnen, aber es kann nur einer von uns Ihrer Einladung nachkommen. Bitte entscheiden Sie selbst, wen Sie in Ihr Haus aufnehmen möchten.« Verwirrt und etwas aufgeregt, rief die Frau nach ihrem Mann und ihrer Tochter und schilderte den beiden den Sachverhalt. »Wen soll ich einladen?«, erkundigte sie sich. »Natürlich den Reichtum!«, schlug ihr Mann vor. »Mmh, ich weiß nicht recht, ich bevorzuge den Erfolg in unserem Haus!«, gab die Frau zur Antwort. »Nein«, unterbrach die Tochter ihre Eltern. »Bitte ladet die Liebe zu uns ein. Wäre es nicht schön, wenn die Liebe in unserem Haus wohnen würde?« Die Eltern stimmten dem Vorschlag zu. Also teilte die Frau den drei alten Männern ihre Entscheidung mit. »Ich bitte die Liebe darum, mir ins Haus zu folgen!« Die Liebe trat ein. Aber auch die anderen beiden Männer kamen ins Haus. »Wieso kommt ihr nun trotzdem mit?«, wollte die Frau von Erfolg und Reichtum wissen. Die beiden Männer antworteten: »Wenn Sie nicht die Liebe gewählt hätten, wären die anderen beiden draußen geblieben. Aber Sie haben sich für die Liebe entschieden. Dort, wo die Liebe hingeht, folgen auch Erfolg und Reichtum!«

....

EIGENREFLEXION

- Was bedeutet Erfolg für mich?
- Bin ich erfolgreich?
- Unterscheide ich zwischen beruflichem und privatem Erfolg?
- Wie bewerte ich mich, meine Arbeit und mein Leben?
- Was wünsche ich mir konkret?
- Was tue ich, damit diese Wünsche in Erfüllung gehen?
- Bezeichne ich mich als einen Unternehmer?
- Wenn ja, wieso?
- Sehe ich mich als einen Unterlasser?
- Wenn ja, weshalb?
- Bin ich mir des Prinzips von Ursache und Wirkung bewusst?
- Wenn ja, handle ich auch danach?
- Wenn nein, wer oder was hält mich davon ab?

ÜBUNG »DER WEG ZUM GLÜCK«

Am Morgen: Schreiben Sie die nachfolgenden Fragen auf einen Zettel. Lesen und beantworten Sie sie jeweils morgens nach dem Aufstehen.
› Was möchte ich heute erreichen?
› Ist das, was ich mir wünsche, heilsam und förderlich, oder bringt es mir oder anderen Menschen Schmerz und Leid? Wenn es unheilsam ist, unterlasse ich es. Wenn es gut und heilsam ist, fördere ich es.
› Was brauche ich dafür?
› Sind meine geistige Ausrichtung und meine innere Haltung so, dass ich mein Ziel erreichen kann?
› Ich werde heute im Alltag nach diesem Entschluss denken, fühlen und handeln.

Am Abend: Schreiben Sie auch die folgenden Fragen auf einen Zettel. Lesen und beantworten Sie sie jeweils abends vor dem Zubettgehen.
› Habe ich heute erreicht, was ich mir vorgenommen hatte?
› Wenn ja, wie fühlt es sich an?
› Ist es so, wie ich es mir erhofft hatte?
› Bin ich meinen Grundsätzen dabei treu geblieben?
› Wenn nein, wie fühlt es sich an?
› Wer oder was hat mich davon abgehalten?
› Was werde ich tun, damit das nicht mehr vorkommt?
› Ich werde jetzt meinen Erfolg loslassen.

BUDDHA@WORK

Erfolg folgt Ihren Absichten. Er ist also eine Sache Ihres Denkens. Alles, was Sie sind, ist das Ergebnis dessen, was Sie gedacht haben. Setzen Sie neue Ursachen, neue Aktionen, wenn Sie mit den Wirkungen oder Reaktionen in Ihrem Leben nicht zufrieden sind. Werden Sie vom Unterlasser zum Unternehmer. Nehmen Sie Ihr Leben selbst in die Hand, und übernehmen Sie die Verantwortung für Ihre Entscheidungen – für die, die Sie treffen, aber auch für die, die Sie unterlassen.

> Gehe ganz in deinen HANDLUNGEN auf,
> und DENKE, es wäre deine LETZTE TAT.
> Buddha

DAS DRUMHERUM IST WICHTIG

Eine positive Grundeinstellung ist bei jeder Tätigkeit wichtig. Bereits der griechische Philosoph Aristoteles (384–322 Jahre v. Chr.) erkannte: »Wer Freude bei der Arbeit hat, ist imstande, viel zu leisten.« Diese innere Haltung zeigt sich bereits abends, bevor Sie zu Bett gehen. Auf welche Uhrzeit stellen Sie den Wecker? Früh genug, um gelassen und ruhig in den Tag zu starten, um zu duschen, sich zu bewegen, zu meditieren und zu frühstücken? Oder möglichst knapp, wohlwissend, dass es dann nur für eine »Katzenwäsche« reicht und keine Zeit für ein Frühstück bleibt?

Wenn dann am nächsten Morgen der Wecker klingelt, freuen Sie sich über diesen neuen Tag? Erkennen Sie diesen als Chance, neue Erfahrungen zu machen, Menschen zu begeistern, Kontakte zu knüpfen, etwas zu bewegen, zu verändern und sich weiterzuentwickeln? Oder erleben Sie schon im Bett den ersten Schlag ins Gesicht: »Was! Schon wieder Morgen?«

Bereiten Sie sich bereits morgens gedanklich auf den Tag vor. Halten Sie kurz inne, und fragen Sie sich selbst: Was ist heute wichtig? Habe ich alles, was ich dafür brauche? Sind meine Kinder gut versorgt? Hat die Katze Futter? Wo sind meine Schlüssel? Habe ich meinen Fahrschein? Nehmen Sie sich auch Zeit, um Ihre innere Haltung zu überprüfen. Möchten Sie heute bei Ihrer Arbeit auf etwas Besonderes Wert legen? Wenn Sie sich zum Beispiel vornehmen, auch in hektischen Momenten ruhig und gelassen zu bleiben, erinnern Sie sich ganz bewusst nochmals daran: Egal, was heute passiert, ich bleibe standfest, zentriert und ruhig.

Verlassen Sie Ihr Zuhause so, dass alles in Ordnung und erledigt ist, dass Sie loslassen können, dass Sie mit einem freien Kopf und einem sicheren und guten Gefühl Ihren Arbeitsweg antreten können. Das gilt im Speziellen auch für die Menschen, die zu Hause arbeiten. Machen Sie Ihr Bett, schlüpfen Sie aus Ihrem Schlafanzug, erledigen Sie Ihre Morgentoilette, ziehen Sie sich etwas anderes an, frühstücken Sie, und räumen Sie auf. Verfallen Sie nicht in die unheilsame Gewohnheit, zu denken, dass Sie das auch später nachholen können!

Ihr Weg zur Arbeit ist nicht nur die Überwindung einer Distanz, ein lästiges Von-A-nach-B-Kommen oder eine unnötige Zeitverschwendung. Schaffen Sie keine künstlichen Trennungen, erzeugen Sie kein zusätzliches Leid. Versuchen Sie, solche wertenden Gedanken zu überwinden. Überlegen Sie sich stattdessen: Wo hört das Leben auf, und wo beginnt die Arbeit?

Wenn Sie zu Fuß gehen, nehmen Sie Ihre Umwelt und die Natur achtsam wahr. Atmen Sie bewusst und tief ein und aus. Spüren Sie den kühlen Wind oder die wärmenden Sonnenstrahlen auf Ihrer Haut. Rollen Sie bei jedem Schritt bewusst Ihre Füße ab. Gehen Sie aufrecht, entspannen Sie Ihre Gesichtszüge. Wie wäre es mit einem Lächeln? Wenn Sie hingegen mit dem Auto unterwegs sind, nutzen Sie die Gelegenheit, Mitgefühl und Gelassenheit zu üben. Schimpfen Sie nicht, wenn Ihnen ein anderer Autofahrer die Vorfahrt nimmt oder Ihnen den Parkplatz direkt vor der Nase wegschnappt. Bleiben Sie ruhig, wenn die Ampel auf Rot springt oder Sie im Stau stehen. Erinnern Sie sich an Ihren heutigen Vorsatz, und zählen Sie Ihre Atemzüge. Wenn Sie die öffentlichen

Verkehrsmittel benutzen, trainieren Sie Ihre Hilfsbereitschaft und Ihre Toleranz. Bieten Sie zum Beispiel jemandem Ihren Sitzplatz an. Verbreiten Sie gute Laune. Grüßen Sie die Menschen im Zug oder im Bus, und schenken Sie ihnen ein Lächeln.

Richten Sie sich Ihren Arbeitsplatz so ein, dass Sie voller Freude, konzentriert und sicher arbeiten können. Das beinhaltet auch, dass Sie sich in Ihrer Umgebung, in Ihrer Haut und in Ihren Kleidern wohlfühlen. Es spielt keine Rolle, was oder wo Sie arbeiten, halten Sie Ordnung. Ordnung schafft Klarheit und Übersicht. Sie erleichtert es Ihnen, den Überblick gerade auch in hektischen Zeiten zu behalten, und hilft Ihnen dabei, Ihre Energie zu zentrieren.

Gewöhnen Sie sich an, immer zuerst das Unangenehme und Schwierige und das Wichtige und Dringende zu erledigen. Vermeiden Sie Ablenkungen. Schalten Sie zum Beispiel Ihr privates Handy lautlos. Verlassen Sie soziale Netzwerke. Schließen Sie Ihr E-Mail-Programm, und öffnen Sie es nur zu bestimmten Zeiten. Halten Sie einen Block oder ein kleines Notizbuch an Ihrer Seite. Schreiben Sie Gedanken, Ideen oder Sachen auf, an die Sie sich unbedingt erinnern müssen. Dann können Sie sie geistig loslassen, ohne davor Angst haben zu müssen, dass Sie etwas vergessen. (Ich habe zum Beispiel auf meinem Schreibtisch, in meiner Handtasche und neben meinem Bett ein kleines Notizbüchlein und einen Stift.)

Gönnen Sie sich regelmäßig Pausen. Allgemein gilt der Grundsatz: Viele kleine Pausen sind besser als eine große. Nutzen Sie diese aber nicht, um Ihre Nachrichten auf dem Handy oder auf dem Computer zu prüfen, sondern nehmen Sie bewusst wahr, was Sie tatsächlich gerade brauchen. Überprüfen Sie dabei auch negative Tendenzen. Ist es immer der Schokoriegel zur Belohnung? Die Tasse Kaffee, um wach zu bleiben? Das Chatten im Internet? Wie wäre es dafür mit einem Apfel, einer Tasse grünem Tee und einem persönlichen Gespräch mit dem Kollegen von nebenan?

Geben Sie immer Ihr Bestes. Erlauben Sie sich und anderen aber trotzdem, Fehler zu machen. Lösen Sie sich von einem unrealistischen Perfektionsanspruch. Denn der Wunsch, perfekt zu sein, macht einsam. Meist übertragen sogenannte Perfektionisten ihre hohen Ansprüche und Anforderungen nicht nur auf sich selbst, sondern auch auf ihr Umfeld. Wenn es dann nicht so läuft, wie sie es sich vorgestellt haben, werden sie nicht nur unzufrieden und ungeduldig gegenüber sich selbst, sondern auch mit den anderen.

Eine konstruktive Fehlerkultur hilft Ihnen auch, besser mit Kritik umzugehen. Je mehr Sie sich selbst infrage stellen, je härter Sie mit sich selbst ins Gericht gehen, je stärker Sie sich über Fehler definieren, je geringer Ihr Selbstwert ist, desto mehr schmerzt Sie Kritik. Denn ob und wie Sie kritische Worte aufnehmen und damit umgehen, hängt nur von Ihnen ab. Der Kritiker äußert seine Sicht der Dinge. Aber ist diese tatsächlich auch Ihre? Erkennen Sie einen Funken Wahrheit in der kritischen Aussage? Lehnen Sie vielleicht sogar genau diese Schwächen und Fehler an sich selbst ab? Kritik ist ein wunderbarer Lehrer, wenn Sie gelernt haben, wie Sie damit umgehen können:

› Hören Sie aufmerksam zu.
› Rechtfertigen Sie sich nicht.
› Fragen Sie nach, wenn Sie etwas nicht richtig verstanden haben.
› Fassen Sie das Gesagte nochmals kurz zusammen.
› Stimmen Sie dort zu, wo Kritik angebracht ist.
› Wenn Sie tatsächlich einen Fehler gemacht oder jemanden verletzt haben, stehen Sie dazu, stellen Sie die Angelegenheit richtig, und entschuldigen Sie sich.
› Wenn die Kritik haltlos, unter der Gürtellinie oder unangebracht ist, gehen Sie nicht darauf ein. Sie wissen, was Sie können.
› Wenn Sie zu Unrecht beschuldigt werden, weisen Sie die Kritik ruhig, aber selbstbewusst und bestimmt zurück.
› Wenn Sie einfach nicht derselben Ansicht sind wie Ihr Kritiker, sagen Sie: »Danke, aber ich bin nicht Ihrer Meinung.«

Beenden Sie Ihre Tätigkeit – auch vor kleineren Pausen – immer bewusst. Finden Sie einen guten Abschluss. Vermeiden Sie es zum Beispiel, kurz bevor Sie Feierabend machen möchten, noch »rasch« ein neues Projekt anzureißen, noch »schnell« ein Telefonat zu erledigen, noch »kurz« eine Sitzung einzuberufen, »auf Teufel komm raus« etwas fertigstellen zu wollen. Unterbrechen oder beenden Sie Ihren Arbeitstag ruhig und überlegt. Räumen Sie auf, und schaffen Sie Ordnung. Seien Sie vorbereitet für später oder für den nächsten Tag. Halten Sie dann kurz inne, und reflektieren Sie: Habe ich heute das erreicht, was ich mir vorgenommen hatte? Konnte ich meine Ideen umsetzen und meine Ziele verwirklichen? Was lief nicht nach meinen Vorstellungen? Wo habe ich noch Potenzial? Wo möchte ich mich verbessern? So oder so: Erfreuen Sie sich an Ihren heutigen Erfahrungen und Erfolgen. Lächeln Sie. Dann lassen Sie los, und genießen Sie Ihren Feierabend!

EIGENREFLEXION

- Wie ist meine geistige Einstellung zur Arbeit?
- Was ist mein erster Gedanke am Morgen nach dem Aufwachen?
- Erlebe ich meinen Beruf als Möglichkeit zur Veränderung und Entwicklung?
- Macht mir meine Arbeit Spaß?
- Fühle ich mich wohl an meinem Arbeitsplatz?
- Wo bin ich mit meinen Gedanken während der Arbeit?
- Lasse ich mich leicht ablenken?
- Bin ich während meiner Arbeit noch mit privaten Tätigkeiten bzw. Gedanken beschäftigt?
- Schiebe ich unangenehme oder schwierige Aufgaben auf?
- Habe ich hohe Erwartungen an mich selbst?
- Was erwarte ich von anderen?
- Wie gehe ich mit Kritik um?
- Wie halte ich es mit Pünktlichkeit und Ordnung am Arbeitsplatz?
- Wie beende ich für gewöhnlich meinen Arbeitstag?

ÜBUNG »LOSLASSEN«

Loslassen findet auf der materiellen und auf der geistigen Ebene statt. Machen Sie folgende Übung:

Nehmen Sie einen Gegenstand in die Hand, z. B. einen Kugelschreiber, und halten Sie ihn fest. Drehen Sie die Hand so, dass der Handrücken nach oben zeigt. Lassen Sie den Kugelschreiber nun los, indem Sie Ihre Hand öffnen. Der Kugelschreiber fällt zu Boden. Sie »verlieren« ihn. Nehmen Sie den Kugelschreiber erneut in die Hand. Drehen Sie die Hand nun so, dass der Handrücken nach unten zeigt. Lassen Sie den Kugelschreiber erneut los, indem Sie Ihre Hand öffnen. Der Kugelschreiber bleibt in Ihrer Hand liegen. Sie »gewinnen« bzw. behalten ihn, Sie können Ihn weiterhin benutzen, obwohl Sie ihn losgelassen haben!

Überprüfen Sie in Ihrem privaten und beruflichen Umfeld, was Sie loslassen können und was Sie loslassen möchten. Wem oder was haften Sie an? Wo fällt Ihnen das Loslassen schwer? Nehmen Sie sorgfältig wahr, ob Sie körperlich und/oder geistig anhaften. Schreiben Sie den Gegenstand oder die Person auf ein Stück Papier. Nehmen Sie das Papier (wie zuvor den Stift) in die Hand. Lassen Sie das Papier auf beide Arten los. Wie fühlt sich das an? Wo liegt der Unterschied? Was müssen Sie verändern? Wiederholen Sie die Übung so oft, wie Sie mögen.

BUDDHA@WORK

Freude ist die größte Energiequelle. Überprüfen Sie Ihre Alltagsgewohnheiten. Richten Sie sich Ihren Arbeitsplatz so ein, dass Sie sich wohl, sicher, zufrieden und glücklich fühlen. Fokussieren Sie Ihren Geist jeden Tag auf eine heilsame Qualität. Versuchen Sie, so bewusst wie möglich danach zu leben und zu arbeiten. Halten Sie Ordnung, bleiben Sie achtsam, und geben Sie Ihr Bestes. Weichen Sie Unannehmlichkeiten nicht aus. Stehen Sie zu Ihren Fehlern. Werden Sie kritikfähig. Gönnen Sie sich Pausen, und beenden Sie Ihre Arbeit bewusst. Lernen Sie loszulassen.

> Ganz gleich, wie beschwerlich
> das GESTERN war,
> stets kannst du im HEUTE
> von NEUEM beginnen.
>
> Buddha

DIE 7-TAGE-WOCHE

Anhand einer 7-Tage-Woche möchte ich Ihnen nun wertvolle buddhistische Tugenden vorstellen. Mein Ziel ist es, Sie dazu zu motivieren, zu versuchen, die positiven Eigenschaften des jeweiligen Wochentags in Ihren Beruf und ganz allgemein in Ihren Alltag zu integrieren. Aus Erfahrung weiß ich, dass es einfacher ist, sich zu Beginn nur mit einzelnen Aspekten zu beschäftigen, als sich von Anfang an gleich mit allen Themen auseinanderzusetzen. Es braucht ein hohes Maß an Offenheit und die Bereitschaft, sich wirklich tief greifend auf die jeweiligen Tagesthemen einzulassen und etwas verändern zu wollen. Bei oberflächlicher Betrachtung verfallen wir schnell dem Irrglauben »mehr ist besser« oder »alles auf einmal«. Aber auch hier gilt das Motto: Weniger ist mehr! Es ist entscheidend, wie ernsthaft und nachhaltig Sie sich auf die jeweiligen Aspekte einlassen können.

Sie konzentrieren sich also bewusst jeden Tag auf spezifische Tugenden und reflektieren so gewissenhaft, wie es Ihnen möglich ist. Mit der Zeit fällt es Ihnen dann ganz leicht, die geistige Haltung von Montag auch auf den Dienstag, dann auf den Mittwoch usw. zu übertragen. Je fokussierter Sie zu Beginn sind, desto tief greifendere Veränderungen werden Sie erleben. Im Endeffekt möchten Sie jeden Tag alle Aspekte denken, fühlen und danach leben und handeln. Das wird Ihnen auch sicher gelingen, wenn Sie langsam, bewusst und mit viel Freude an sich »arbeiten«.

Ich rege meine Schüler immer dazu an, sich beim Üben wie ein Schmetterling zu fühlen: frei, leicht und beschwingt, jederzeit bereit, sich zu wandeln, sich neu zu entdecken und zu formen. In Bewegung zu bleiben, warmherzig und mit Freude mit dem Leben, dem Tao, dem eigenen Lebens- und Energiefluss mitzufließen.

Jeder Wochentag steht also für verschiedene geistige Tugenden, die Sie kultivieren möchten. Länder wie z. B. Thailand, Burma, Vietnam, die sich dem Urbuddhismus verschrieben haben, widmen jeden Wochentag einem anderen Buddha. Man geht davon aus, dass sich diese buddhistische Tradition 500 Jahre n. Chr. etabliert hat. Die einzelnen Tage werden als »Dharma-Tage« bezeichnet. Das Sanskrit-Wort »Dharma« meint in diesem Zusammenhang die Lehre Buddhas. Es ist eine schöne Tradition, sich jeden Tag eine heilsame Qualität vor Augen zu führen und zu versuchen, diese bewusst in das eigene und das Leben anderer einfließen zu lassen. Ich finde, dass das Leben dann an Tiefe, Bedeutung und Kostbarkeit gewinnt. Es ist eine körperliche und geistige Bereicherung. Man wird auf die Essenz zurückgeworfen und beschäftigt sich mit dem edlen Kern, der uns allen innewohnt.

Wir beginnen unsere Woche mit dem ersten Wochen- bzw. Werktag, dem Montag. Noch heute gibt es einige Länder, die ihre Woche mit dem Sonntag beginnen. Bis 1975 war auch in Deutschland der Sonntag der erste Wochentag. Die UNO hat 1978 beschlossen, dass international der Montag als erster Tag der Woche gilt. Samstag und Sonntag gehören zum Wochenende. Montag bis Samstag zählen zu den Werktagen, und der Sonntag gilt als Ruhetag.

Nachfolgend gebe ich Ihnen einen kurzen Überblick über die einzelnen Tage mit ihren besonderen Themen bzw. Qualitäten. Diese Gliederung sowie den inhaltlichen Aufbau und Ablauf habe ich eigens für meine Schülerinnen und Schüler entwickelt. Sie sind meiner langjährigen Unterrichtspraxis entnommen und ein wichtiger Bestandteil in der WU LIN Zen-Linie.

Montag
Kultivierung der Konzentration und der Klarheit

Dienstag
Kultivierung der Furchtlosigkeit und der inneren Stärke

Mittwoch
Kultivierung des inneres Friedens und der inneren Ruhe

Donnerstag
Kultivierung der Lebenskraft und des Urvertrauens

Freitag
Kultivierung der Erkenntnis und der Weisheit

Samstag
Kultivierung von Demut, Dankbarkeit, Mitgefühl und Respekt

Sonntag
Kultivierung von Achtsamkeit und Sammlung

Jeder Tag ist zwei speziellen Themen gewidmet, außer der Samstag, er beinhaltet vier wichtige Tugenden. Neben meinen Ausführungen und Tipps zu jedem Tag und jedem Aspekt finden Sie zum Abschluss jedes Tageskapitels auch wieder eine praktische Übung und Anregungen zur Selbstreflexion. Die praktische Übung bezieht sich jeweils auf ein Mudra. Jedem Wochentag, jeder heilsamen geistigen Tugend, ist ein Mudra gewidmet. Mudras, sanskrit für »Siegel« oder »Geste«, sind symbolische Finger- und Handstellungen, die im Rahmen der WU LIN Zen-Praxis unterstützend zur Anwendung kommen. Mudras werden auch als Energiebeschleuniger bezeichnet. Durch das Halten einer bestimmten Finger- und Handposition wird die Energie zielgerichteter im Körper geleitet, gesammelt und/oder zentriert. Die verschiedenen Mudras können Sie für einen beliebig langen Zeitraum halten bzw. einnehmen. Sie richten so Ihren Geist optimal aus. Wenn Sie zudem die geistigen Tugenden gedanklich wiederholen, vertieft das die Übung zusätzlich. Wenn Sie die Finger zu einem Mudra zusammenführen, sollten Sie sich vorstellen, dass sie wie Magnete sanft voneinander angezogen werden. Wichtig ist, dass Sie keinen Druck ausüben und trotzdem das Mudra korrekt halten, ohne dass es an Kraft und Ausdruck verliert. Weitere Erläuterungen, wie Sie die Mudras anwenden, gebe ich Ihnen bei den jeweiligen Wochentagen.

In der eigenen Reflexion werden Sie sich mit den jeweiligen Begriffen des Tages auseinandersetzen. Diese Vertiefung vollzieht sich auf vier verschiedenen Ebenen wie folgt:

Erste Ebene Ich-Ebene
Wie stehen Sie zu diesem Thema?

Zweite Ebene Du-Ebene
Wie nehmen Sie andere Menschen wahr?

Dritte Ebene Ich-Du-Ebene
Wie ist Ihr Umgang mit anderen Menschen?

Vierte Ebene Fazit
Das ändern Sie!

Als Beispiel Mitgefühl:

Erste Ebene Ich-Ebene
Mitgefühl ist mir wichtig. Ich bemühe mich sehr, mitfühlend zu sein.

Zweite Ebene Du-Ebene
Die anderen sind oft viel mitfühlender als ich. Das bewundere ich.

Dritte Ebene Ich-Du-Ebene
Im Kontakt mit meinen Mitmenschen kann ich schon mal nicht so mitfühlend sein, gerade, wenn es nicht so läuft, wie ich es mir vorgestellt habe. Dann fehlt mir das Verständnis, und ich verliere die Geduld.

Vierte Ebene Fazit
Ich übe mich auch im Umgang mit anderen in Mitgefühl und Toleranz. Ich bleibe ruhig und gelassen, ich atme mindestens drei Mal tief ein und aus oder zähle von null bis zehn, bevor ich meine Meinung äußere. Ich versuche, gelassen zu bleiben und mich auch in die andere Person zu versetzen. Wie fühlt sie sich? Ich nehme bewusst einen anderen Blickwinkel ein.

Diese Übung zum Schluss des jeweiligen Tageskapitels ist sehr grundlegend und wichtig. Sie hilft Ihnen dabei, selbstständig zu erkennen, wie Sie zu den verschiedenen Aspekten stehen, wie Sie die anderen Menschen wahrnehmen, wie Sie sich im Umgang mit ihnen sehen und was Sie ganz konkret verändern möchten. Im Alltag werden Ihnen diese vier Ebenen immer wieder als wertvolle Unterstützung und Anregung dienen. Sie können zudem überprüfen, ob Sie tatsächlich nach Ihren Wertvorstellungen handeln und ob Ihr Bild von der Welt, so, wie Sie es notiert und beantwortet haben, auch wirklich stimmt. Am Ende des Tages zeigt Ihnen das Überprüfen der Schlussfolgerung, Ihr Fazit, wie weit Sie Ihren inneren edlen Kern, Ihre Buddha-Natur, fördern und verfeinern konnten.

ÜBUNG »DAS BEKENNTNIS«

Wiederholen Sie drei Mal voller Vertrauen und Zuversicht die nachfolgenden Sätze. Es steht Ihnen frei, die Zeilen entweder laut oder gedanklich zu wiederholen:

- › Gerade jetzt ist die beste Zeit für eine Veränderung.
- › Ich bin bereit, meinen Geist zu entwickeln, um wahre Zufriedenheit und Glück zu erfahren.
- › Ich gehe den mittleren Weg. Ich finde innere Ruhe zwischen den Extremen.
- › Ich übe mich in Gelassenheit und Geduld, bis ich mein Ziel erreicht habe.
- › Ich fördere den Frieden, die Freiheit und das Heilsame.
- › Ich überwinde Hindernisse, Trägheit und Leid.
- › Ich bleibe motiviert und engagiert, denn ich weiß nicht, wie viel Zeit mir noch bleibt.
- › Ich bin voller Energie und Lebensfreude.
- › Mein Geist ist grenzenlos.
- › Ich befreie mich und alle anderen.
- › Ich bin bereit, vollkommen zu erwachen.

BUDDHA@WORK

Das Motto ist: Reduce to the max! Schulen Sie Ihr Bewusstsein, und konzentrieren Sie sich auf die jeweilgen Tagesaspekte. Geben Sie Ihr Bestes, aber verbeißen Sie sich nicht. Reflektieren Sie ehrlich, aber nehmen Sie es leicht. Experimentieren Sie, und erfreuen Sie sich an neuen Erfahrungen und Erkenntnissen. Kultivieren Sie Ihren inneren Reichtum. Entwicklung bedeutet, das freizusetzen, was bereits in Ihnen vorhanden ist.

> Fehlt der EIFER,
> schwindet die WEISHEIT.
> Buddha

MONTAG

Montag ist Ihr Tag der Konzentration und Klarheit.

Versuchen Sie, sich heute so wenig wie möglich ablenken zu lassen. Grundlage Ihrer Konzentration ist die Aufmerksamkeit, die abhängig ist von Ihrem Bewusstseinszustand. Je höher die Hirnfrequenz, desto größer ist die Aufmerksamkeit. Die Hirnwellen bzw. die Hirnströme, die in Schwingung pro Sekunde angegeben werden, können mit einem Elektroenzephalografen (EEG-Gerät) gemessen werden. Man unterscheidet folgende Gehirnfrequenzen:

- › Gamma-Wellen weisen eine hohe Frequenz auf. Sie stehen für kognitive Höchstleistungen.
- › Beta-Wellen zeigen einen wachen, aufmerksamen Zustand an.
- › Alpha-Wellen treten in einer leichten Entspannung auf.
- › Theta-Wellen zeigen eine tiefere Ebene der Entspannung, der Schläfrigkeit oder eine leichte Schlafphase an.
- › Delta-Wellen weisen eine niedrige Frequenz auf. Sie treten im traumlosen Tiefschlaf auf.

Konzentration ist eine gebündelte, gezielte, fokussierte Aufmerksamkeit. Wie aber kommen Sie in diesen Zustand? Welche Maßnahmen in Ihrem Arbeitsumfeld können Sie unterstützen? Nachfolgend stelle ich Ihnen ein paar konkrete Tipps vor:

› Schalten Sie potenzielle Störquellen bereits vor Arbeitsbeginn aus. Verzichten Sie zum Beispiel auf Musik. Schalten Sie Ihr Smartphone oder den Fernseher aus. Deaktivieren Sie den Signalton, der Ihnen den Eingang einer E-Mail verkündet, und schließen Sie bei Lärm das Fenster oder die Tür.
› Wenn Sie auf einem Stuhl sitzen, dann halten Sie die Wirbelsäule aufrecht. Berühren Sie mit beiden Füßen den Boden.
› Wenn Sie viel stehen, verteilen Sie Ihr Gewicht auf beide Füße.
› Halten Sie Ordnung.
› Achten Sie auf ausreichende und möglichst natürliche Lichtquellen.
› Lenken Sie Ihre Konzentration immer nur auf eine Sache.
› Bleiben Sie an einer Arbeit dran.
› Erledigen Sie eine Angelegenheit nach der anderen.
› Achten Sie auf genügend Sauerstoff. Lüften Sie Ihr Büro, oder gehen Sie am besten direkt für ein paar Minuten an die frische Luft.
› Halten Sie Pausen ein.
› Essen Sie gesund und leicht. Überessen Sie sich nicht.
› Trinken Sie genügend, am besten stilles Wasser.
› Schlafen Sie genug, und achten Sie auch am Arbeitsplatz auf ausreichend Entspannung.
› Atmen Sie während des Tages immer wieder bewusst tief ein und aus.
› Behalten Sie die Übersicht.
› Lassen Sie sich gerade in hektischen Momenten dabei Zeit, eine Entscheidung zu fällen. Denken Sie zuerst nach, bevor Sie handeln. Führen Sie sich selbst, indem Sie nicht nur reagieren, sondern agieren, also **denken, planen** und **dann handeln.**

Verschaffen Sie sich zu Beginn des Tages einen Überblick darüber, was genau an diesem Tag wichtig ist. Werden Sie sich darüber klar, was Sie wirklich wollen. Versuchen Sie, Unterbrechungen, Störungen und Ablenkungen zu vermeiden. Das gilt nicht nur für Einflüsse, die von außen kommen. Auch Sie müssen lernen, mit Ihren

Gedanken bei einer Sache zu bleiben und sich nicht von anderen Geistesinhalten und dem Gedankenkarussell beeinflussen zu lassen. Sie halten Ihre Konzentration am besten aufrecht, wenn Sie wissen, was Sie tun und wie Sie es tun. Entscheiden Sie sich, was heute Priorität für Sie hat. Eine Tagesstruktur in Form von Ritualen, fixen Abläufen und klaren Regeln hilft Ihnen, Ihre Konzentrationsfähigkeit zu trainieren, denn mit dem Rhythmus kommt die Ruhe.

In dem Moment, in dem Sie sich auf das Wesentliche konzentrieren, entsteht Orientierung in Ihrem Kopf. Konzentration beruhigt und stabilisiert den Geist. Das heißt also, dass eine tiefe Konzentration Ihren Geist sammelt und dass ein zentrierter Geist Ihnen Klarheit und Einsicht schenkt.

EIGENREFLEXION

Nehmen Sie ein Blatt Papier, und notieren Sie Ihre Antworten auf die folgenden Fragen. Beantworten Sie die Fragen zuerst in Bezug auf die Tugend »Konzentration« und dann auf »Klarheit«.

Erste Ebene Ich-Ebene
Wie stehen Sie zu diesem Thema?

Zweite Ebene Du-Ebene
Wie nehmen Sie andere Menschen wahr?

Dritte Ebene Ich-Du-Ebene
Wie ist Ihr Umgang mit anderen Menschen?

Vierte Ebene Fazit
Das ändern Sie!

ÜBUNG
»DAS HAKINI-MUDRA«

Das Hakini-Mudra kultiviert die Tugenden »Konzentrationsfähigkeit« und »Klarheit«. Entscheiden Sie sich für eine Position im Sitzen, Stehen oder Gehen. Legen Sie alle Fingerspitzen der einen Hand sanft auf die entsprechenden Fingerspitzen der anderen Hand. Strecken Sie die Finger. Behalten Sie etwas Luft zwischen den einzelnen Finger, sie berühren sich nicht. Ihre Hände befinden sich in der Mitte Ihres Körpers, auf der Höhe des Brustbeins. Ihre Schultern sind entspannt, die Ellbogen zeigen schräg nach unten, und unter den Achseln ist noch Platz. Halten Sie diese Stellung für ein paar Minuten. Atmen Sie dabei bewusst ein und aus. Wenn Sie mögen, wiederholen Sie gedanklich beim Einatmen das Wort »Konzentrationsfähigkeit« und beim Ausatmen »Klarheit«. Sie können das Mudra aber auch ohne das Rezitieren der geistigen Qualitäten halten. Lassen Sie dann Ihre Gedanken wie Wolken oder Vögel am Himmel vorbeiziehen. Bleiben Sie von allem unberührt und frei. Wenn Sie im Sitzen oder Stehen üben, schließen Sie am besten die Augen. Verweilen Sie so lange, wie Sie mögen. Verbinden Sie sich mit Ihrer inneren Kraft und Ihrer Lebensenergie. Kultivieren Sie Konzentrationsfähigkeit und Klarheit.

Tipp: Damit Sie sich noch besser mit den Tugenden identifizieren können, empfehle ich Ihnen, zwischendurch in der persönlicheren Ich-Form zu üben: Sagen Sie gedanklich beim Einatmen den Satz »Ich bin konzentriert« und beim Ausatmen »Ich bin klar«.

BUDDHA@WORK

Montag ist Ihr Tag der Konzentration und der Klarheit. Erhöhen Sie Ihre Aufmerksamkeit. Fokussieren Sie sich auf das Wesentliche. Beruhigen und stabilisieren Sie Ihren Geist. Lassen Sie Ruhe, Klarheit und Einsicht entstehen.

> Lerne, loszulassen,
> das ist der Schlüssel zum GLÜCK.
> Buddha

DIENSTAG

Dienstag ist Ihr Tag der Furchtlosigkeit und der inneren Stärke.

Versuchen Sie heute, den Tatsachen unverblümt ins Auge zu sehen. Grundlage dafür ist die Klarheit, die Sie mittels der Konzentration entwickelt haben. Sie müssen den Mut aufbringen, nutzbringend und heilsam leben und arbeiten zu wollen, und zudem die innere Stärke kultivieren, diesen Vorsatz auch wirklich umzusetzen. Wahre Furchtlosigkeit entsteht, wenn Sie wahrhaftig verstehen, wie das Leben funktioniert. Wenn Sie sich von der Illusion eines eigenständigen Ichs lösen können und erkennen, dass wir alle untrennbar miteinander verbunden sind und sich alles stetig verändert. Nichts existiert aus sich selbst heraus, nichts ist für ewig. Es gibt keinen Fixpunkt, denn alles ist nur eine Aneinanderreihung von einzelnen Augenblicken. Alles fließt und verändert sich. Furchtlosigkeit meint aber auch, dass Sie verstehen, dass Sie durch Anhaftung, Ablehnung oder Desinteresse immer wieder neues Leid für sich und andere erschaffen.

Innere Stärke ist also die Folge der Furchtlosigkeit, die Sie entwickeln, wenn Sie lernen, Ihre Handlungen auf Ihre wahre Absicht hin zu überprüfen. Sie sind Ihren Emotionen und Empfindungen dann nicht länger machtlos ausgeliefert, sondern in der Lage, die Ursachen, die hinter Ihrem Schmerz, der Gier nach Anerkennung, der Angst, zu versagen, der Lust, zu gewinnen, usw. zu durchschauen. Es gilt, diese Realität ohne Wenn und Aber zu erkennen und beherzt umzusetzen. So könnte das in Ihrem Arbeitsalltag aussehen:

› Stehen Sie für Ihre Überzeugungen ein.
› Handeln Sie überlegt und entschlossen.
› Bieten Sie einem Arbeitskollegen selbstlos Ihre Unterstützung an.
› Bewahren Sie auch in hektischen Situationen einen kühlen Kopf, und lassen Sie sich nicht von Ihren Emotionen verleiten.
› Erledigen Sie auch unangenehme Tätigkeiten oder schwierige Arbeiten unerschrocken und selbstbewusst.
› Zeigen Sie Zivilcourage, gerade dann, wenn niemand sonst es wagt.
› Entwickeln Sie den Mut, sich zu verändern und neue Weg zu beschreiten.
› Sagen Sie Ihre Meinung, ohne den Anspruch zu erheben, dass Ihr gesamtes Umfeld damit einverstanden sein muss.
› Fördern Sie bei sich und Ihrem Team rechtes Denken und gute Taten.
› Bleiben Sie an einer Sache konsequent dran.
› Anstatt eine E-Mail zu schreiben, rufen Sie die Person an.
› Erledigen Sie auch unbeliebte Arbeiten aufmerksam und konzentriert.
› Fließen Sie mit den Veränderungen mit, und bleiben Sie auch in Situationen, die Sie nicht so erwartet haben, ruhig und gelassen.
› Lassen Sie sich nicht von »Misserfolgen« abschrecken.
› Erkennen Sie die wahren Absichten hinter Ihren Handlungen. Können Sie bereits jetzt Tendenzen feststellen, die später zu Leid führen?
› Entscheiden Sie sich heute auch dafür, Ihren Schwächen tapfer ins Auge zu sehen.

› Weichen Sie unerfreulichen Nachrichten nicht aus, und stellen Sie sich Ihren Ängsten.
› Lassen Sie sich zum Beispiel auch auf Gespräche ein, die Sie sonst vermeiden.
› Nehmen Sie heute Kritik oder Anschuldigungen entspannt entgegen, und lassen Sie sich nicht verunsichern. Prüfen Sie, ob und wie weit Kritik gerechtfertigt ist.
› Treffen Sie eine Entscheidung, und stehen Sie dazu.
› Haben Sie kein Angst davor, Fehler zu machen.
› Bleiben Sie standfest. Vertreten Sie Ihre Ansicht aus einer inneren Klarheit und Gewissheit heraus. Vermeiden Sie es unbedingt, laut oder unbeherrscht zu werden, denn wer schreit, hat Unrecht und wirkt weder furchtlos noch stark.

Beginnen Sie Ihren Tag, indem Sie sofort aufstehen, nachdem der Wecker geklingelt hat. Lassen Sie keine Ausreden zu, weshalb Sie sich noch einmal unter die Bettdecke kuscheln sollten. Stellen Sie sich dem heutigen Tag mit all seinen Herausforderungen. Tun Sie das, was getan werden muss. Hadern Sie nicht. Nehmen Sie hektische Momente genauso gelassen hin, wie Sie bereit sind, Zeiten der Langeweile oder der Monotonie zu erdulden. Entschließen Sie sich, Ihr Bestes zu geben. Erledigen Sie das, was Sie sich vorgenommen haben. Gehen Sie mit guten Absichten in den Tag, und lassen Sie sich Ihre Lebensfreude durch nichts und niemanden verderben.

Aufgrund der wechselseitigen Abhängigkeit werden Sie nicht alles beeinflussen können, was an diesem Tag geschehen wird. Wie Sie aber darauf reagieren, das liegt allein in Ihrer Hand. Sie entscheiden, ob Sie eine Situation oder ein Ereignis aus der Bahn wirft, Sie ablenkt, ärgert oder verunsichert oder ob Sie bedacht, abgeklärt, selbstsicher und entspannt den äußeren Umständen entgegenwirken können und wollen.

Sie können weder die Menschen noch die Welt verändern. Sie können nur sich selbst ändern. Aber in dem Augenblick, in dem Sie sich selbst ändern, verändern Sie die Menschen und die ganze Welt.

EIGENREFLEXION

Nehmen Sie ein Blatt Papier, und notieren Sie Ihre Antworten auf die folgenden Fragen. Beantworten Sie die Fragen zuerst in Bezug auf die Tugend »Furchtlosigkeit« und dann auf »innere Stärke«.

Erste Ebene Ich-Ebene
Wie stehen Sie zu diesem Thema?

Zweite Ebene Du-Ebene
Wie nehmen Sie andere Menschen wahr?

Dritte Ebene Ich-Du-Ebene
Wie ist Ihr Umgang mit anderen Menschen?

Vierte Ebene Fazit
Das ändern Sie!

ÜBUNG
»DAS ABHAYA-MUDRA«

Das Abhaya-Mudra kultiviert die Tugenden »Furchtlosigkeit« und »innere Stärke«. Entscheiden Sie sich für eine Position im Sitzen, Stehen oder Gehen. Ihre Handflächen zeigen nach vorne. Halten Sie die Hände auf Höhe der Brust, leicht seitlich versetzt zu den Schultern. Ihre Finger sind gestreckt, sanft geschlossen und zeigen nach oben. Entspannen Sie Ihre Schultern und Ihre Ellbogen. Halten Sie diese Stellung für ein paar Minuten. Atmen Sie bewusst ein und aus. Wenn Sie mögen, wiederholen Sie gedanklich beim Einatmen das Wort »Furchtlosigkeit« und beim Ausatmen »innere Stärke«. Sie können das Mudra aber auch ohne das Rezitieren der geistigen Qualitäten halten. Lassen Sie dann Ihre Gedanken wie Wolken oder Vögel am Himmel vorbeiziehen. Bleiben Sie von allem unberührt und frei. Wenn Sie im Sitzen oder Stehen üben, schließen Sie am besten die Augen. Verweilen Sie so lange, wie Sie mögen. Verbinden Sie sich mit Ihrer inneren Kraft und Ihrer Lebensenergie. Kultivieren Sie Furchtlosigkeit und innere Stärke.

Tipp: Damit Sie sich noch besser mit den Tugenden identifizieren können, empfehle ich Ihnen, zwischendurch in der persönlicheren Ich-Form zu üben: Sagen Sie gedanklich beim Einatmen den Satz »Ich bin furchtlos« und beim Ausatmen »Ich bin stark«.

BUDDHA@WORK

Furchtlosigkeit und innere Kraft zu entwickeln, bedeutet, sich selbst, dem Leben, den Menschen, der Welt und den Umständen tapfer, beherzt und mutig gegenüberzutreten und sich auch unliebsamen Aufgaben zu stellen. Sie haben sich irgendwann einmal für den Beruf entschieden, den Sie gerade ausüben. Stehen Sie dazu, oder ziehen Sie Ihre Konsequenzen daraus.

> Meine Philosophie
> ist FREUNDLICHKEIT.
> Buddha

MITTWOCH

Mittwoch ist Ihr Tag des inneren Friedens und der inneren Ruhe. Wirklicher innerer Frieden und innere Ruhe können nur auf der Grundlage von Furchtlosigkeit und innerer Kraft entstehen. Und Furchtlosigkeit und Kraft brauchen als solide Grundlage die Konzentrationsfähigkeit und die Klarheit. Innerer Frieden und innere Ruhe basieren auf einer Zufriedenheit, die unabhängig von äußeren Einflüssen ist. Zufriedenheit ist also eine innere Haltung, eine persönliche Einstellung. Wenn Sie wahre Zufriedenheit im Inneren erfahren, spielt es keine Rolle, welche Bedingungen im Außen herrschen.

Normalerweise geschieht aber genau das Gegenteil: Wir suchen die Zufriedenheit nicht in uns, sondern an einem neuen, besseren, aufregenderen und schöneren Ort, möglichst weit weg von uns selbst. Wenn man Menschen fragt, was Zufriedenheit für sie bedeutet oder wann sie sich zufrieden fühlen, werden stets Bedingungen genannt, wie z. B. »wenn ich mehr Geld habe, wenn ich befördert werde, wenn ich einen besseren Job finde, wenn ich in den Urlaub fahre, wenn ich Feierabend habe, wenn ich machen kann, was ich will, wenn mein Chef nicht so ein Idiot wäre, wenn meine Arbeitszeiten anders wären, wenn ich mir dieses oder jenes leisten kann …« Es sind vertraute Aussagen. Mit den Wörtern **wenn** …, **dann** … machen wir andere Menschen, Gegenstände und Bedingungen für unser Glück und unsere Zufriedenheit verantwortlich. Und es sind Sätze, die sich entweder auf die Zukunft oder aber auf die Vergangenheit beziehen.

Selten hört man: »Ich bin zufrieden, obwohl … ich nicht befördert wurde, nicht mein Traumauto fahre, ich arbeite, es draußen regnet, ich zu wenig Geld habe, mein Chef mich nervt, ich Überstunden mache, ich mir nicht alles leisten kann …« Dabei steht es uns jederzeit frei, anders zu denken und zu fühlen: »Ich bin zufrieden, hier und jetzt in der Gegenwart, in der Zeit, in der das Leben sich tatsächlich abspielt. Ich bin zufrieden, ohne Wenn und Aber. Einfach so!« Wenn wir warten, bis alles in Ordnung, alles perfekt, alles unseren Wünschen und Erwartungen entsprechend erfüllt und erledigt ist, damit wir Zufriedenheit erfahren und leben können, dann warten wir vergebens – ein Leben lang. Es liegt in der Natur des Lebens, dass sich alles verändert, alles und jeder einer stetigen Wandlung unterworfen ist. Sowohl das Positive, das Schöne, das Gute und das Begehrenswerte als auch das Negative, das Hässliche, das Schlechte und das Abstoßende, alles ist vergänglich, nichts bleibt. Sich an das eine zu klammern und das andere von sich zu stoßen, ist nicht nur unsinnig und hoffnungslos, sondern es lässt uns leiden und stößt die Zufriedenheit unweigerlich immer wieder mit von uns weg. Gier, Anhaftung und Angst wechseln sich im stetigen Kreislauf der Gefühle, Empfindungen und Emotionen ab. Zufriedenheit ist nur dort zu finden, wo wir sind, denn der Schlüssel zum Glück liegt in der Poesie des Augenblicks.

Es gibt einfache Tricks, wie Sie sich den inneren Frieden, Ihre Zufriedenheit und die innere Ruhe in den Berufsalltag zurückholen können:

› Lenken Sie Ihre Aufmerksamkeit bei der Arbeit auf das, was Sie bereits alles erledigt und erreicht haben, und nicht auf das, was Ihnen vermeintlich noch alles fehlt. (Das Glas ist halb voll!)
› Integrieren Sie den Begriff »obwohl« in Ihren Wortschatz. »Obwohl ich mit meinem Arbeitgeber nicht immer einer Meinung

bin, bin ich dankbar für meine Arbeitsstelle und gebe mein Bestes, denn durch ihn habe ich eine Arbeit und bekomme am Ende des Monats meinen Lohn.«

› Sagen und denken Sie viel häufiger »Danke« – auch bei gewöhnlichen und unscheinbaren Vorkommnissen, z. B. für das Wasser unter der Dusche, das Dach über Ihrem Kopf, die Schuhe, die Sie tragen, das Buch, das Sie lesen, die Arbeit, der Sie nachgehen dürfen. Seien Sie sich bewusst, dass Sie sich vieles nur aufgrund des Berufes, den Sie ausüben, leisten können.
› Wiederholen Sie gedanklich die folgenden heilsamen und positiven Leitsätze voller Zuversicht, Energie und Vertrauen – gerade auch in unruhigen und hektischen Zeiten: »Ich bin gelassen. Ich bin ruhig. Ich nehme an. Ich bin im Hier und Jetzt. Ich lasse los. Ich vertraue.« So finden Sie auch in Ihrem Alltag immer wieder in den Augenblick und zur Zufriedenheit zurück.
› Versuchen Sie, Veränderungen wertzuschätzen. Erkennen Sie, dass die Akzeptanz der Vergänglichkeit die Zufriedenheit nicht ausschließt. Im Gegenteil: Je mehr Sie loslassen und je besser Sie sich der Wandlung hingeben können, desto zufriedener werden Sie.
› Lernen Sie, Unvorhergesehenes zu lieben. Sehen Sie es als Chance für Wachstum und zur Entwicklung Ihrer geistigen Flexibilität.
› Bringen Sie Ihre Achtsamkeit immer wieder in den gegenwärtigen Moment zurück. Hier liegt die Quelle Ihrer Zufriedenheit. Konzentrieren Sie sich z. B. auf Ihre Atmung, oder beschreiben Sie gedanklich die Tätigkeit, die Sie gerade ausführen: »Ich nehme den Telefonhörer in die Hand, ich wähle die Nummer XY, ich höre den Klingelton …«
› Erfreuen Sie sich auch im Berufsalltag an kleinen Glücksmomenten, z. B. an dem netten Lächeln einer Kollegin, einem gelungenen Gespräch, dem Ende eines Projekts, dem Dankeschön eines zufriedenen Kunden.
› Schenken Sie den negativen Aspekten während Ihrer Arbeit allgemein viel weniger Aufmerksamkeit. Machen Sie zum Beispiel aus einer Mücke keinen Elefanten.

› Erlauben Sie sich, zufrieden und glücklich zu sein, ohne Bedingung und ohne Wenn und Aber.

Es ist Ihre freie Entscheidung, ob Sie in Ihren Tätigkeiten eine Haltung der Zufriedenheit, der Dankbarkeit und der Wertschätzung einnehmen oder ob Sie Ihren Körper und Ihren Geist mit Groll, Verlustangst, Habgier, Unzufriedenheit und Selbstverständlichkeit vergiften wollen. Gelebte Zufriedenheit schenkt Ihnen innere Ruhe und Klarheit. Auf dieser Grundlage können Sie sich für ein Leben voller Freude und Vertrauen entscheiden. Und das schafft ein Gefühl der Sicherheit, der Geborgenheit und der Akzeptanz, egal, was auch immer passiert.

Innere Zufriedenheit und innere Ruhe sind nicht an einen bestimmten Menschen, eine Sache, den Job oder an ein Resultat gebunden. Sie sind frei, kostenlos, unerschöpflich, gegenwärtig und immerwährend.

EIGENREFLEXION

Nehmen Sie ein Blatt Papier, und notieren Sie Ihre Antworten auf die folgenden Fragen. Beantworten Sie die Fragen zuerst in Bezug auf die Tugend »innerer Frieden« und dann auf »innere Ruhe«.

Erste Ebene Ich-Ebene
Wie stehen Sie zu diesem Thema?

Zweite Ebene Du-Ebene
Wie nehmen Sie andere Menschen wahr?

Dritte Ebene Ich-Du-Ebene
Wie ist Ihr Umgang mit anderen Menschen?

Vierte Ebene Fazit
Das ändern Sie!

ÜBUNG
»DAS VAJRAPRADAMA-MUDRA«

Das Vajrapradama-Mudra kultiviert die Tugenden »innerer Frieden« und »innere Ruhe«. Entscheiden Sie sich für eine Position im Sitzen, Stehen, Gehen oder Liegen. Legen Sie Ihre Unterarme vor dem Oberkörper gekreuzt übereinander. Ihre Finger sind ausgesteckt und geschlossen, die Handflächen liegen etwas oberhalb der Brust auf. Entspannen Sie die Schultern und die Ellbogen. Halten Sie diese Stellung für ein paar Minuten. Atmen Sie dabei bewusst ein und aus. Wenn Sie mögen, wiederholen Sie gedanklich beim Einatmen die Worte »innerer Frieden« und beim Ausatmen »innere Ruhe«. Sie können das Mudra aber auch ohne das Rezitieren der geistigen Qualitäten halten. Lassen Sie dann Ihre Gedanken wie Wolken oder Vögel am Himmel vorbeiziehen. Bleiben Sie von allem unberührt und frei. Wenn Sie im Sitzen, Stehen oder Liegen üben, schließen Sie am besten die Augen. Verweilen Sie so lange, wie Sie mögen. Verbinden Sie sich mit Ihrer inneren Kraft und Ihrer Lebensenergie. Kultivieren Sie inneren Frieden und innere Ruhe.

Tipp: Damit Sie sich noch besser mit den Tugenden identifizieren können, empfehle ich Ihnen, zwischendurch in der persönlicheren Ich-Form zu üben: Sagen Sie gedanklich beim Einatmen den Satz »Ich bin zufrieden« und beim Ausatmen »Ich bin ruhig«.

BUDDHA@WORK

Wahre Freiheit entwickelt sich durch Genügsamkeit. Je weniger Sie vergleichen und erwarten, desto glücklicher werden Sie sein. Je weniger Sie Ihr Glück von äußeren Umständen abhängig machen, desto ruhiger, gelassener und zufriedener werden Sie mit sich selbst sein und auch mit Ihren Mitmenschen umgehen können. Je stärker Ihre innere Zufriedenheit wird, desto ruhiger werden Sie.

> Wenn du ein PROBLEM hast,
> versuche, es zu LÖSEN.
> Kannst du es NICHT lösen,
> dann mache KEIN PROBLEM daraus.
> Buddha

DONNERSTAG

Donnerstag ist Ihr Tag der Lebenskraft und des Urvertrauens.

Ein gesundes Urvertrauen ist die Quelle für Ihre Lebenskraft. Je sicherer Sie sich fühlen, desto mehr Energie wird Ihnen heute zur Verfügung stehen. Ein starkes Urvertrauen zeigt sich in einer soliden Bodenständigkeit und einer inneren Stärke und Stabilität. Aber auch geistige Qualitäten wie Durchsetzungsvermögen, Ausdauer, Erdung und Beständigkeit zeugen von einem guten Urvertrauen und einer ausgeprägten Lebenskraft.

Wenn diese beiden Aspekte vernachlässigt werden oder zu schwach ausgeprägt sind, zeigt sich das gewöhnlich in Misstrauen, Ängsten (z. B. Existenzangst) oder Depressionen. Wir fühlen uns körperlich und geistig blockiert, sind müde, ausgelaugt und antriebslos. Ganz allgemein fehlt es uns an Ausstrahlung, Lebensfreude und Lebensenergie. Wir haben dann das Gefühl, dass uns bereits Kleinigkeiten aus dem Gleichgewicht bringen und wir ganz leicht den Boden unter den Füßen verlieren können. Ohne Urvertrauen fehlt uns auch das Selbstvertrauen, und ohne Selbstvertrauen haben wir keinen Zugang zu unserer inneren Kraft, unserem Potenzial. Die Angst vor dem Versagen ist groß. Daraus entstehen der Drang, alles kontrollieren zu wollen, und auch die Sucht nach Perfektion. Und Fehler sind das Schlimmste, was einem Perfektionisten passieren kann.

So können Sie Ihr Urvertrauen und Ihre Lebenskraft auch im Berufsalltag trainieren:

› Wenn Sie morgens aufwachen, lächeln Sie. Sagen Sie Ja zu sich selbst, zu diesem neuen Tag und zum Leben ganz allgemein.
› Duschen Sie, bringen Sie Ihren Kreislauf in Schwung.
› Bewegen Sie Ihren Körper, z. B. mit einigen Übungen aus dem Yoga oder Qi Gong.
› Machen Sie ein paar einfache Atemübungen. Sie können auch ein paar tiefe und bewusste Atemzüge im Freien oder vor dem offenen Fenster machen.
› Richten Sie mittels Meditation Ihren Geist auf den Tag aus. Zentrieren Sie bereits morgens Ihre mentalen Kräfte.
› Ziehen Sie etwas Tolles an! Es ist wichtig, dass Sie sich wohl in Ihrer Haut fühlen. Das strahlen Sie dann auch aus.
› Frühstücken Sie warm. Das gibt Ihnen Energie und stärkt Ihre innere Mitte ungemein.
› Spüren Sie den ganzen Tag den Kontakt zum Boden. Erden Sie sich immer wieder über Ihre Fußsohlen, sei es beim Sitzen, Stehen oder Gehen.
› Halten Sie Ihre Wirbelsäule aufrecht.
› Klopfen Sie während des Tages immer wieder auf Ihre Thymusdrüse. Trommeln Sie dazu etwa eine Minute mit sanft geschlossenen Fäusten auf die Mitte Ihres Brustbeins.
› Verbinden Sie sich zwischendurch mit Ihrer inneren Mitte. Nehmen Sie zum Beispiel ganz bewusst Ihre Bauchatmung wahr. Beim Einatmen dehnt sich Ihr Bauch aus, beim Ausatmen entspannt er sich wieder.
› Wiederholen Sie auch im Arbeitsalltag immer wieder den positiven Leitsatz: »Heute bin ich bereit, mich kraftvoll und voller Vertrauen den Herausforderungen des Lebens zu stellen.«
› Interpretieren Sie die Aussagen anderer nicht. Wenn Sie etwas nicht oder vielleicht falsch verstanden haben, fragen Sie nach.
› Gehen Sie auf Menschen zu, machen Sie den ersten Schritt.

› Nehmen Sie Komplimente mit einem Lächeln und dankbar an, ohne sie zu kommentieren oder sich zu rechtfertigen.
› Sagen Sie Ihre Meinung, äußern Sie Ihre Bedürfnisse und Ihre Wünsche.
› Stehen Sie zu sich selbst, und sagen Sie Nein, wenn Sie etwas nicht möchten.
› Vergleichen Sie sich nicht mit anderen. Vergleiche schaffen nur Leid.
› Bringen Sie Ihren »inneren Kritiker« zum Schweigen. Sagen Sie »Stopp« zu negativen und destruktiven Gedanken.
› Loben Sie sich selbst. Fördern Sie positive Gedanken, die Sie aufbauen, motivieren und Ihnen Kraft und Freude schenken.
› Respektieren und achten Sie sich selbst so, wie Sie es auch von Ihrem Umfeld erwarten.
› Erlauben Sie sich, Fehler zu machen. Lösen Sie sich vom Perfektionsanspruch.
› Treffen Sie Entscheidungen, die mit Ihren inneren Überzeugungen übereinstimmen.
› Ernähren Sie sich gesund.
› Nehmen Sie Ihre körperlichen Bedürfnisse ernst.
› Hören Sie auf Ihre positive innere Stimme.
› Ersetzen Sie den Satz »Ich versuche es« durch »Ich kann es!«.

Überlegen Sie, was Sie wirklich wollen. Wofür schlägt Ihr Herz? Welche Tätigkeiten setzen Ihre Energien frei? Was macht Ihnen Freude? Was können Sie gut? Wo liegen Ihre Stärken? Entscheiden Sie sich, heute ein Gewinner, ein Unternehmer oder ein Meister zu sein. Beschließen Sie, Ihre Ängste und Erwartungen loszulassen. Wagen Sie etwas, ohne Anspruch auf Perfektion. Befreien Sie sich von den selbst auferlegten Dogmen und Begrenzungen. Lösen Sie sich aus der Opferrolle, und werfen Sie innere Urteile und Bewertungen über Bord. Erlauben Sie sich, einfach glücklich zu sein. Es spielt keine Rolle, ob andere an Sie glauben oder nicht: *Entscheidend ist nur, dass Sie an sich selbst glauben.*

EIGENREFLEXION

Nehmen Sie ein Blatt Papier, und notieren Sie Ihre Antworten auf die folgenden Fragen. Beantworten Sie die Fragen zuerst in Bezug auf die Tugend »Lebenskraft« und dann auf »Urvertrauen«.

Erste Ebene Ich-Ebene
Wie stehen Sie zu diesem Thema?

Zweite Ebene Du-Ebene
Wie nehmen Sie andere Menschen wahr?

Dritte Ebene Ich-Du-Ebene
Wie ist Ihr Umgang mit anderen Menschen?

Vierte Ebene Fazit
Das ändern Sie!

ÜBUNG
»DAS JNANA-MUDRA«

Das Jnana-Mudra kultiviert die Tugenden »Lebenskraft« und »Urvertrauen«. Setzen Sie sich dazu hin, Ihren Rücken halten Sie gerade. Ihre Schultern sind entspannt. Schließen Sie die Augen. Legen Sie die Handrücken sanft oberhalb der Knie auf den Oberschenkeln auf. Ihre Handflächen zeigen nach oben. Die Fingerspitzen von Daumen und Zeigefinger berühren sich, Mittel-, Ring- und der kleine Finger sind sanft gestreckt. Halten Sie diese Stellung für ein paar Minuten. Atmen Sie bewusst ein und aus. Wenn Sie mögen, wiederholen Sie gedanklich beim Einatmen das Wort »Lebenskraft« und beim Ausatmen »Urvertrauen«. Sie können das Mudra aber auch ohne das Rezitieren der geistigen Qualitäten halten. Lassen Sie dann Ihre Gedanken wie Wolken oder Vögel am Himmel vorbeiziehen. Bleiben Sie von allem unberührt und frei. Verweilen Sie so lange, wie Sie mögen. Verbinden Sie sich mit Ihrer inneren Kraft und Ihrer Lebensenergie. Kultivieren Sie Lebenskraft und Urvertrauen.

Tipp: Damit Sie sich noch besser mit den Tugenden identifizieren können, empfehle ich Ihnen, zwischendurch in der persönlicheren Ich-Form zu üben: Sagen Sie gedanklich beim Einatmen den Satz »Ich bin energievoll« und beim Ausatmen »Ich vertraue«.

BUDDHA@WORK

Ihr Urvertrauen ist die Grundlage für Ihr Selbstvertrauen. Ein gesundes Selbstvertrauen schafft das Fundament für Ihre Lebenskraft, und Ihre Energie fließt, wenn Sie lernen, mit dem Fluss des Lebens mitzufließen. Loslassen spielt dabei eine entscheidende Rolle. Ihr gesamtes Potenzial setzen Sie dann frei, wenn Sie bereit sind, ohne Wen und Aber, mit Haut und Haaren, mit Ihrem Herz-Geist ins Leben einzutauchen.

> Deine Tat soll HEILSAM sein
> und kein Leid verursachen.
> Gutes Handeln macht alle Menschen FRÖHLICH.
> Buddha

FREITAG

Freitag ist Ihr Tag der Erkenntnis und der Weisheit.

Sie sind der Weisheit, der sechsten Vollkommenheit (Paramita), bereits im Kapitel »Umgang mit Konflikten« begegnet. Zwischen Weisheit und Wissen besteht ein großer Unterschied. Wissen können Sie sich aneignen, indem Sie Bücher lesen, im Internet surfen, die Schule und die Universität absolvieren oder Kurse und Seminare besuchen. Aber obwohl wir vieles wissen, obwohl uns so manches ganz klar ist, denken, fühlen, handeln und leben wir nicht immer danach. Weisheit ist gelebtes Wissen. Sie bedeutet, dass Sie das, was Sie wissen, auch tatsächlich leben. Diese Weisheit setzt Erkenntnis voraus. Sie müssen erkennen, was gut für Sie ist, was Leid und was Glück hervorbringt, was Schmerzen und was Zufriedenheit fördert, was unheilsam und was heilsam ist, was schwächt und was nährt, was berührt und verändert, was stärkt und heilt. Erkenntnis ist aber nicht einfach nur ein intellektuelles Verständnis von Gutem und Bösem oder Positivem und Negativem. Sie setzt die persönliche Erfahrung, das individuelle Erleben voraus. Aufgrund dieser Wahrnehmung und Einsicht verändern Sie Ihr Leben. Das ist gelebtes Wissen, das ist Weisheit!

Folgendes können Sie tun, um Ihre Erkenntnis und Ihre Weisheit bei Ihren beruflichen Tätigkeiten zu fördern:

› Werden Sie sich heute dessen gewahr, was Sie wirklich mit oder bei Ihrer Arbeit bezwecken oder erreichen wollen. Überprüfen Sie, ob Sie das auch tatsächlich umsetzen.
› Was unterstützt Ihre Tätigkeit, und was behindert sie? Beseitigen Sie ganz bewusst die Faktoren, die Sie in Ihrem Berufsalltag beeinträchtigen. Fördern Sie die Elemente, die ihn begünstigen.
› Erforschen Sie Ihre Handlungen im Umgang mit Ihren Kollegen oder den Vorgesetzten. Entspricht dieses Verhältnis wirklich Ihren Ansprüchen und Ihrer inneren Haltung?
› Kritisieren Sie andere nicht hinter deren Rücken. Nehmen Sie direkt Kontakt mit dem Betroffenen auf. Stellen Sie sich dem Gespräch. Kultivieren Sie Ihre Aufrichtigkeit und Ihre Ehrlichkeit.
› Unterlassen Sie Schädliches, auch wenn es Ihnen für einen kurzen Moment ein gutes Gefühl vermitteln sollte. Versuchen Sie, die negativen Folgen zu sehen, die daraus entstehen können.
› Fördern Sie den Teamgeist, und lassen Sie andere an Ihren Ideen teilhaben. Öffnen Sie sich für neue Ansichten und andere Standpunkte. Üben Sie sich in Toleranz.
› Entwickeln Sie ein Gespür für den richtigen Zeitpunkt. Bevor Sie aktiv werden, denken Sie lieber noch einmal darüber nach. Ist Ihre Absicht heilsam und gut, oder bringt sie Kummer und Leid?
› Setzen Sie Ihre guten Absichten auch wirklich in die Tat um.
› Versuchen Sie, die größeren Zusammenhänge zu erkennen. Überprüfen Sie Ihre Absichten auf ihre Wirkung hin, und zwar nicht nur die auf Sie selbst, sondern auch die auf Ihr näheres Umfeld, z. B. auf die Mitarbeiter, die Kollegen, die Kunden und Geschäftspartner. Welche Konsequenzen hat Ihre Entscheidung für Sie und die anderen?
› Glauben Sie nicht einfach, sondern überprüfen Sie.
› Seien Sie offen und bereit, neue Erfahrungen zu machen.
› Versuchen Sie, die Dinge und Geschehnisse so zu sehen, wie sie tatsächlich sind, und nicht so, wie Sie diese gern hätten oder interpretieren.

› Durchschauen Sie die Verstrickungen, die durch eine zu starke Identifikation mit dem eigenen Ich, der Arbeit oder der Position entstehen.
› Schärfen Sie Ihren Blick für das Ganze, und verlieren Sie Ihr Ziel nicht aus den Augen.
› Überprüfen Sie Ihre Gefühle, Ihre Gedanken und Körperempfindungen, und nehmen Sie wahr, dass nichts so bleibt, wie es ist. Egal, ob positiv oder negativ, alles verändert, alles wandelt sich. Überlegen Sie sich deshalb gut, ob es sich lohnt, festzuhalten.
› Leben Sie dem Gesetz von Ursache und Wirkung entsprechend. Wenn Ihnen eine Wirkung nicht gefällt, ändern Sie die Ursache. Hadern Sie nicht damit, sondern setzen Sie eine neue Aktion. Nehmen Sie die Ist-Situation wahr, und schaffen Sie neue heilsame Ursachen, mit deren Wirkung Sie auch in Zukunft gut leben können und wollen.
› Erkennen Sie, dass nichts aus sich selbst heraus entsteht. Alles existiert nur in gegenseitiger Wechselbeziehung zu allem und ist von allem abhängig.
› Begreifen Sie, dass jeder selbst für sein Glück verantwortlich ist. Es gibt keine Schuldigen im Außen.
› Schulen Sie sich in Genügsamkeit und Großzügigkeit, denn durch Gier entsteht großes Leid. Lassen Sie auch Ihr Umfeld an Ihrem Erfolg und an Ihrem Gewinn teilhaben.
› Gehen Sie keiner Tätigkeit nach, die unrecht ist, Leid schafft, Unzufriedenheit, Angst oder Schmerzen fördert.
› Geben Sie Ihr Bestes, konzentrieren Sie sich. Bleiben Sie achtsam bei der Sache. Seien Sie sich stets bewusst, dass aus Ihrem Denken Ihre Handlungen und somit Ihr Leben entsteht. Agieren Sie zum Wohle aller Wesen.

Weisheit ist – neben Mitgefühl und Liebe – der zentrale ethische Grundpfeiler im Buddhismus. Es ist wichtig, dass Sie heute bereit sind, zu erkennen, was Sie wirklich wollen. Und dass Sie gemäß dieser inneren Überzeugung denken, fühlen, handeln, reden und arbeiten. Seien Sie sich aber auch immer dessen bewusst, dass Sie die Folgen Ihrer Taten selbst tragen werden. Überlegen Sie sich also gut, ob das, was Sie sich wünschen und verwirklichen wollen, Sie zukünftig tatsächlich zufrieden und glücklich macht oder ob Sie schon bald mit den unerwünschten Wirkungen leben müssen. Weisheit bedeutet, dass Sie die Verantwortung für Ihr Leben übernehmen und erkennen, dass Sie selbst der Schöpfer Ihrer Zukunft sind. Wahre Weisheit setzt aber auch das Verständnis und die Einsicht voraus, dass wir alle untrennbar miteinander verbunden sind. Alle dualistischen Unterscheidungen von Ich und Du, Subjekt und Objekt, Richtig und Falsch heben sich in der tiefen Erfahrung in der Stille, in der Meditation auf. Um das wirklich zu verstehen, sind ein reflektierendes Denken und die Läuterung des Geistes unabdingbar. Letztlich führt der Weg zur Erkenntnis und Weisheit nur über die Geistesschulung, also über die Meditation.

EIGENREFLEXION

Nehmen Sie ein Blatt Papier, und notieren Sie Ihre Antworten auf die folgenden Fragen. Beantworten Sie die Fragen zuerst in Bezug auf die Tugend »Erkenntnis« und dann auf »Weisheit«.

Erste Ebene Ich-Ebene
Wie stehen Sie zu diesem Thema?

Zweite Ebene Du-Ebene
Wie nehmen Sie andere Menschen wahr?

Dritte Ebene Ich-Du-Ebene
Wie ist Ihr Umgang mit anderen Menschen?

Vierte Ebene Fazit
Das ändern Sie!

ÜBUNG
»DAS UTTARABODHI-MUDRA«

Das Uttarabodhi-Mudra kultiviert die Tugenden »Erkenntnis« und »Weisheit«. Entscheiden Sie sich für eine Position im Sitzen, Stehen oder Gehen. Bringen Sie Ihre Handflächen vor der Brust auf Herzhöhe zusammen. Verschränken Sie die Finger. Nur die Zeigefinger sind ausgestreckt, liegen aneinander und weisen nach oben in Richtung Himmel. Entspannen Sie die Schultern. Halten Sie diese Stellung für ein paar Minuten. Atmen Sie dabei bewusst ein und aus. Wenn Sie mögen, wiederholen Sie gedanklich beim Einatmen das Wort »Erkenntnis« und beim Ausatmen »Weisheit«. Sie können das Mudra aber auch ohne das Rezitieren der geistigen Qualitäten halten. Lassen Sie dann Ihre Gedanken wie Wolken oder Vögel am Himmel vorbeiziehen. Bleiben Sie von allem unberührt und frei. Wenn Sie im Sitzen oder Stehen üben, schließen Sie am besten die Augen. Verweilen Sie so lange, wie Sie mögen. Verbinden Sie sich mit Ihrer inneren Kraft und Ihrer Lebensenergie. Kultivieren Sie Erkenntnis und Weisheit.

Tipp: Damit Sie sich noch besser mit den Tugenden identifizieren können, empfehle ich Ihnen, zwischendurch in der persönlicheren Ich-Form zu üben: Sagen Sie gedanklich beim Einatmen den Satz »Ich erkenne« und beim Ausatmen »Ich bin weise«.

BUDDHA@WORK

Ohne Erkenntnis und Weisheit ist keine wahre Zufriedenheit und kein immerwährendes Glück möglich. Erst wenn Sie fähig sind, zu erkennen, was Leid verursacht und was den Frieden stärkt, erst wenn Sie sich dazu entscheiden, das Unheilsame auch tatsächlich zu unterlassen und das Heilsame zu fördern, erst dann schaffen Sie sich die Grundlage für anhaltende Lebensfreude. Das bedeutet, dass Sie Ihren Geist mittels Meditation schulen. Regelmäßige Meditation hilft Ihnen, zu verstehen, wie der eigene Geist funktioniert, wie Sie mit Ihren Gefühlen, Emotionen und Empfindungen und geistigen Inhalten umgehen können. Meditation entrümpelt und ordnet Ihre Gedanken und schenkt Ihnen tiefe Erkenntnis und Weisheit darüber, wie Ihr Leben, wie die Welt funktioniert.

> Es gibt keinen Weg zum Glück.
> GLÜCKLICHSEIN ist der Weg.
> Buddha

SAMSTAG

Samstag ist Ihr Tag der Dankbarkeit, der Demut, des Respekts und des Mitgefühls.

Dankbarkeit ist die geistige Haltung der Fülle. Sie ist die Kunst, den eigenen Fokus auf das zu lenken, was man bereits hat, und nicht auf all das, was noch fehlt. Genügsamkeit und Demut sind eng mit der Dankbarkeit verbunden. Zu wissen, wann etwas genug ist, ist eine große Tugend. Genügsamkeit hilft, Raubbau zu verhindern und Ressourcen zu schützen. Menschen, die wissen, wann etwas genug ist, sind zufriedener und glücklicher, ruhiger und gelassener. Demut ist die Bereitschaft, sich dem Leben voll und ganz hinzugeben. Gelebte Demut ist geistige Stärke, Aufmerksamkeit und Interesse. Wahre Demut ist keine Entsagung, Entbehrung oder Unterwürfigkeit. Im Gegenteil: Sie nimmt an, was ist, und lässt los, was nicht ist. Demut ist Einfachheit, Dankbarkeit und die Fähigkeit, sich und das Leben so anzunehmen, wie sie sind, und zu erkennen, dass die Erfüllung im Geben und nicht im Nehmen zu finden ist. Wahrer Respekt wächst aus dem Verständnis der Verbundenheit und der gegenseitigen Abhängigkeit heraus, er ist nichts Gespieltes oder Geheucheltes. Er ist die logische Konsequenz dessen, dass Sie das Leben, die Natur, die Menschen und sich selbst achten und lieben. Respektvolles Verhalten beinhaltet Wertschätzung und Rücksichtnahme. Dem Begriff »Mitgefühl« sind Sie bereits im

Kapitel »Arbeit, Beruf und Berufung« begegnet. Mitgefühl (Karuna) ist die zweite der vier geistigen Qualitäten. Gelebtes Mitgefühl ist die Fähigkeit, mit anderen Menschen mitzufühlen, ohne mitzuleiden. Sie nehmen Anteil, ohne dabei selbst emotional zu werden. Sie bleiben handlungsfähig und offen für neue Denk- und Lösungsansätze, können sich nach wie vor abgrenzen und Situationen klar und konstruktiv überblicken.

So können Sie die vier Tugenden in Ihren Tag integrieren:

› Nehmen Sie heute nichts als selbstverständlich hin. Denken, sagen und schreiben Sie so oft wie möglich »Danke«. Nehmen Sie zum Beispiel diesen neuen Tag als Geschenk des Lebens an Sie an. Sagen Sie »Danke« dafür.
› Machen Sie sich bewusst, dass viele Menschen keinem Beruf und keiner Tätigkeit nachgehen können oder dürfen. Seien Sie für Ihre Arbeitsstelle dankbar.
› Bedanken Sie sich heute ganz bewusst bei Menschen aus Ihrem Umfeld. Erkennen Sie die Verbindung und die wechselseitige Abhängigkeit zwischen Ihnen und Ihrem Team, Ihren Kollegen, Kunden, Klienten, Kindern, Ihrem Arbeitgeber oder Ihrem Arbeitnehmer.
› Erkennen Sie, wie viel Sie an einem Tag geben und wie viel Sie nehmen.
› Schenken Sie Ihren Mitmenschen ein Lächeln.
› Nehmen Sie Ihre Mitmenschen ernst. Schenken Sie ihnen Zeit, hören Sie zu, geben Sie ihnen einen Rat, teilen Sie Freude und spenden Sie Trost.
› Nehmen Sie Rücksicht auf andere, und bieten Sie Ihre Hilfe an. Entlasten Sie andere.
› Nehmen Sie Anteil am Leben Ihrer Kollegen. Versetzen Sie sich zwischendurch auch in die Lage Ihres Gegenübers.
› Vermindern Sie Leid, seien Sie nachsichtig, und verzeihen Sie.
› Erfreuen Sie sich am Glück und Erfolg der anderen.

- Respektieren Sie andere Meinungen, Ansichten und Wertvorstellungen.
- Schaffen Sie ein Arbeitsklima, das motivierend, unterstützend, konstruktiv und aufhellend ist.
- Entwickeln Sie Freude am Geben. Schenken Sie selbstlos und mit Hingabe.
- Machen Sie jemandem ein ehrlich gemeintes Kompliment.
- Arbeiten Sie nach der goldenen Regel der Ethik: Behandeln Sie andere so, wie Sie von ihnen behandelt werden wollen.
- Achten und respektieren Sie sich selbst. Vergleichen Sie sich nicht mit anderen.
- Akzeptieren Sie sich mit all Ihren Fehlern und Schwächen und mit Ihren Stärken und Talenten. Übertragen Sie diese Haltung auch auf Ihre Mitmenschen.

Erachten Sie nichts als selbstverständlich. Erfreuen Sie sich auch an Kleinigkeiten. Gehen Sie in Ihren Aktivitäten ganz auf. Geben Sie auch den vermeintlich banalen Tätigkeiten einen Sinn, indem Sie achtsam und konzentriert bei einer Sache bleiben. Transformieren Sie zum Beispiel Langeweile in Geduld, Stress in Herausforderung, Hektik in Engagement, Ablehnung in Bereitschaft, Verlust in Gewinn, Mitleid in Mitgefühl, Konkurrenz in Hilfsbereitschaft, Nehmen in Geben, Gier in Genügsamkeit, Selbstverständlichkeit in Dankbarkeit, Hochmut in Demut und Frust in Lust.

EIGENREFLEXION

Nehmen Sie ein Blatt Papier, und notieren Sie Ihre Antworten auf die folgenden Fragen. Beantworten Sie die Fragen zuerst in Bezug auf die Tugend »Demut«, dann auf »Dankbarkeit«, danach auf »Mitgefühl« und zum Schluss auf »Respekt«.

Erste Ebene Ich-Ebene
Wie stehen Sie zu diesem Thema?

Zweite Ebene Du-Ebene
Wie nehmen Sie andere Menschen wahr?

Dritte Ebene Ich-Du-Ebene
Wie ist Ihr Umgang mit anderen Menschen?

Vierte Ebene Fazit
Das ändern Sie!

ÜBUNG
»DAS ANJALI-MUDRA«

Das Anjali-Mudra kultiviert die Tugenden »Dankbarkeit«, »Demut«, »Respekt« und »Mitgefühl«. Entscheiden Sie sich für eine Position im Sitzen, Stehen oder Gehen. Führen Sie Ihre Handflächen vor der Brust auf der Höhe Ihres Herzens zusammen. Die Finger sind ausgestreckt, die Handflächen liegen flach aneinander. Entspannen Sie Ihre Schultern. Ihre Ellbogen zeigen schräg zum Boden, und unter den Achseln ist noch Platz. Halten Sie diese Stellung für ein paar Minuten. Atmen Sie dabei bewusst ein und aus. Wenn Sie mögen, dann wiederholen Sie gedanklich beim Einatmen das Wort »Dankbarkeit« und beim Ausatmen »Demut«. Dann wiederholen Sie beim Einatmen das Wort »Respekt« und beim Ausatmen »Mitgefühl«. Wechseln Sie pro Atemzug die Tugend-Paare. Sie können das Mudra aber auch ohne das Rezitieren der geistigen Qualitäten halten. Lassen Sie dann Ihre Gedanken wie Wolken oder Vögel am Himmel vorbeiziehen. Bleiben Sie von allem unberührt und frei. Wenn Sie im Sitzen oder Stehen üben, schließen

Sie am besten die Augen. Verweilen Sie so lange, wie Sie mögen. Verbinden Sie sich mit Ihrer inneren Kraft und Ihrer Lebensenergie. Kultivieren Sie Dankbarkeit, Demut, Respekt und Mitgefühl.

Tipp: Damit Sie sich noch besser mit den Tugenden identifizieren können, empfehle ich Ihnen, zwischendurch in der persönlicheren Ich-Form zu üben: Sagen Sie gedanklich beim Einatmen den Satz »Ich bin dankbar« und beim Ausatmen »Ich bin demütig« bzw. beim Einatmen »Ich bin respektvoll« und beim Ausatmen »Ich bin mitfühlend«.

BUDDHA@WORK

Erledigen Sie heute Ihre Aufgaben mit Hingabe, Freude, Respekt, Demut, Verbundenheit und einem tiefen Gefühl der Dankbarkeit. Kultivieren Sie eine innere Haltung der Bescheidenheit. Erfreuen Sie sich an dem, was Sie erreicht haben. Bleiben Sie natürlich und aufrichtig. Versuchen Sie immer wieder, körperliche und geistige Spannungen loszulassen. Je weniger Sie sich an etwas klammern, desto zufriedener und glücklicher werden Sie sein.

> Nimm dir jeden Tag die ZEIT,
> still zu sitzen und auf die Dinge zu lauschen.
> Achte auf die MELODIE DES LEBENS,
> die in dir schwingt.
>
> Buddha

SONNTAG

Sonntag ist Ihr Tag der Achtsamkeit und der Sammlung.

Die Begriffe »Achtsamkeit« und »Sammlung«, die Sie bereits im edlen achtfachen Pfad im Kapitel »Rechter Lebenserwerb« kennengelernt haben, gehören zur dritten Vertiefungsgruppe. Neben rechter Achtsamkeit und rechter Sammlung ist in dieser Gruppe auch die rechte Anstrengung (das rechte Streben oder das rechte Üben) angesiedelt. Die Achtsamkeitspraxis ist das Herzstück auf Ihrem Weg. Achtsamkeit ist die Grundhaltung der buddhistischen Ethik, die Basis für Mitgefühl und Weisheit. Achtsamkeit heißt, wach und präsent für den Augenblick zu sein, also reine Wahrnehmung. Das bedeutet, vorgegebene Konzepte, übernommene Meinungen und feste Vorstellungen loszulassen und in die direkte Erfahrung, in das unmittelbare Erleben zu kommen. Es geht immer um den Moment, die Gegenwart, das Hier und Jetzt. Der Begriff »Sammlung« bezieht sich auf die Geistesschulung und meint, dass Sie Ihren Geist pflegen und verstehen und dass Sie lernen, sich auf das Wesentliche zu besinnen. Mittels Meditation üben Sie, Ihren Geist zu besänftigen und zu kontrollieren. Sammlung strebt die Reinheit und die Ruhe Ihres Geistes an. Je ruhiger und reiner Ihr Geist wird, desto größer wird Ihre Einsicht.

Nachfolgend einige einfache Ratschläge, wie Sie Achtsamkeit und Sammlung schulen können:

› Richten Sie Ihre Achtsamkeit immer wieder auf den gegenwärtigen Moment. Lassen Sie Gedanken an die Vergangenheit und die Zukunft los. Wenn Sie Zukünftiges planen oder organisieren, erledigen Sie es mit all Ihrer Aufmerksamkeit, mit bestem Wissen und Gewissen, mit rechter Anstrengung. Danach kommen Sie umgehend wieder in die Gegenwart zurück.
› Versuchen Sie, zu spüren, dass immer alles gerade jetzt stattfindet. Sie können nirgendwo anders sein als dort, wo Sie gerade sind.
› Nehmen Sie wahr, wenn Sie abschweifen. Bringen Sie Ihren Geist sanft, aber bestimmt in die Gegenwart zurück.
› Lassen Sie alles Vergangene los. Es ist vorbei. Lassen Sie alles Zukünftige los. Es ist noch nicht da.
› Bringen Sie Ihre Achtsamkeit immer wieder auf Ihren Körper: Wie stehen Sie? Wie sitzen oder laufen Sie? Wie atmen Sie? Halten Sie Ihren Rücken gerade? Haben Sie Durst, oder sind Sie hungrig? Nehmen Sie Verspannungen wahr?
› Bringen Sie Ihre Achtsamkeit immer wieder auf Ihre Gefühle: Wie geht es Ihnen? Sind Sie gestresst? Sind Sie gelangweilt? Stehen Sie unter Druck? Was löst in Ihnen Unsicherheit und Angst oder Freude und Gelassenheit aus?
› Bringen Sie Ihre Achtsamkeit immer wieder auf Ihre Gedanken: Was denken Sie? Sind Ihre Gedanken positiv oder negativ? Sind sie heilsam oder unheilsam? Fördern sie Ihren inneren Frieden, oder trüben sie Ihren Geist? Wo sind Sie gerade mit Ihren Gedanken? In der Vergangenheit, in der Zukunft oder in der Gegenwart?
› Verbinden Sie sich immer wieder mit Ihrer Atmung. Atmen Sie bewusst ein und aus. Lenken Sie dabei zum Beispiel Ihre Aufmerksamkeit auf die Nasenspitze oder den Bauchnabel. Ihre Atmung ist die Brücke, die Verbindung zwischen Ihrem Körper und Ihrem Geist. Eine bewusste Atmung bringt Sie in die Gegenwart zurück.

- Entschleunigen Sie Ihren beruflichen Alltag, gönnen Sie sich Momente der Ruhe und der Stille.
- Bleiben Sie an einer Sache dran, und erledigen Sie eines nach dem anderen. Schenken Sie dem, was Sie tun, Ihre volle Aufmerksamkeit und Konzentration.
- Ziehen Sie sich heute mindestens zwei Mal für Ihre Meditationspraxis zurück. Schulen beziehungsweise erziehen Sie Ihren Geist.
- Lassen Sie sich immer weniger von äußeren Gegebenheiten und Umständen ablenken. Finden Sie zu Ihrer inneren Mitte zurück.

Achtsamkeit setzt die innere Haltung voraus, nicht zu werten, sondern das anzunehmen, was ist, sich in Geduld zu üben, den sogenannten Anfänger-Geist zu bewahren, Vertrauen zu entwickeln, anzunehmen und loszulassen. Ihr Anfängergeist zeichnet sich durch eine offene, liebevolle, neutrale, leichte, wohlwollende, mitfühlende, fröhliche, friedvolle, interessierte, absichtslose, spontane und gelassene innere und äußere Haltung aus. Achtsamkeit heißt aber auch, wahrzunehmen, dass nichts beständig und von ewiger Dauer ist. Deshalb ist es wichtig, dass Sie sich nicht mit Ihren Gedanken, Gefühlen und Körperempfindungen identifizieren. *Alles verändert sich. Bleiben Sie unabhängig und frei!* Dieses Wissen gilt es nun, durch regelmäßige tägliche Meditationspraxis zu festigen und zu vertiefen und durch die Achtsamkeit im Alltag wahrzunehmen und zu überprüfen.

EIGENREFLEXION

Nehmen Sie ein Blatt Papier, und notieren Sie Ihre Antworten auf die folgenden Fragen. Beantworten Sie die Fragen zuerst in Bezug auf die Tugend »Achtsamkeit« und dann auf »Sammlung«.

Erste Ebene Ich-Ebene
Wie stehen Sie zu diesem Thema?

Zweite Ebene Du-Ebene
Wie nehmen Sie andere Menschen wahr?

Dritte Ebene Ich-Du-Ebene
Wie ist Ihr Umgang mit anderen Menschen?

Vierte Ebene Fazit
Das ändern Sie!

ÜBUNG
»DAS DHYANA-MUDRA«

Das Dhyana-Mudra kultiviert die Tugenden »Achtsamkeit« und »Sammlung«. Entscheiden Sie sich für eine Position im Sitzen oder im Stehen. Legen Sie die linke Hand auf Höhe des Bauches in die rechte, die Handflächen zeigen nach oben, Ihre Hände bilden eine offene Schalenform. Die Daumen berühren sich leicht und formen eine gerade Linie. Ihre Schultern sind entspannt, die Ellbogen zeigen schräg nach hinten, unter den Achseln ist noch Platz.

Halten Sie diese Stellung für ein paar Minuten. Atmen Sie dabei bewusst ein und aus. Wenn Sie mögen, wiederholen Sie gedanklich beim Einatmen das Wort »Achtsamkeit« und beim Ausatmen »Sammlung«. Sie können das Mudra aber auch ohne das Rezitieren der geistigen Qualitäten halten. Lassen Sie dann Ihre Gedanken wie Wolken oder Vögel am Himmel vorbeiziehen. Bleiben Sie von allem unberührt und frei. Schließen Sie am besten die Augen. Verweilen Sie so lange, wie Sie mögen. Verbinden Sie sich mit Ihrer inneren Kraft und Ihrer Lebensenergie. Kultivieren Sie Achtsamkeit und Sammlung.

BUDDHA@WORK

Ohne Achtsamkeit und Sammlung ist keine Entwicklung im ganzheitlichen Sinne möglich. Achtsames Wahrnehmen hilft Ihnen, zu erkennen, wie Sie denken, was Sie fühlen, wie Sie empfinden, was Sie sagen, was Sie hören und verstehen und wie Sie handeln. Geistige Sammlung fördert den inneren Frieden, die innere Ruhe und Klarheit. Auf dieser Grundlage haben Sie die Möglichkeit, Ihr Leben tief greifend zu durchschauen und zu verändern. Denn nur, wenn Sie wissen, wer Sie sind, was Sie tun und wohin Sie wollen, können Sie Ihr Leben eigenverantwortlich gestalten und frei und unabhängig leben. Achtsamkeit und Sammlung sind zudem die Basis für Ihre Konzentrationsfähigkeit und Klarheit. Somit schließt sich der Kreislauf, und Sie können erkennen, dass jede Tugend mit allen anderen verbunden ist und sie in gegenseitiger Wechselbeziehung zueinander stehen, sich beeinflussen und unterstützen.

> Ein Mann mag tausend Mal
> tausend Männer in einer Schlacht besiegen,
> doch der GRÖSSTE KÄMPFER ist,
> wer sich SELBST besiegt.
> Buddha

DER ARBEITSCOACH

In meiner Praxis als Zen-Meisterin, Coach und Lehrerin werden mir im Zusammenhang mit dem beruflichen Alltag und der Arbeit immer wieder Fragen gestellt. Nachfolgend sind einige dieser Fragen und meine Antworten darauf aufgeführt.

Wenn mich ein Arbeitskollege um einen Gefallen bittet, fällt es mir sehr schwer, Nein zu sagen. Mir fehlt oft die Schlagfertigkeit. Dann sage ich einfach Ja, obwohl ich es gar nicht möchte. Gibt es einen einfachen Tipp, wie ich meinen Prinzipien treu bleiben kann, auch wenn ich nicht so wortgewandt bin?

Lösen Sie sich von der Erwartung, dass Sie Ihrem Kollegen sofort eine Antwort schuldig sind. Das sind Sie nicht! Nehmen Sie die Frage an, und sagen Sie Ihrem Gegenüber: »Danke für deine Anfrage, ich werde mir deine Bitte überlegen. Ich gebe dir in einer Stunde (oder am Nachmittag oder morgen) Bescheid.« So stehen Sie nicht unter Druck. Sie haben genügend Zeit, sich zu überlegen, ob Sie dem Anliegen nachkommen wollen und wenn ja, wie. Teilen Sie dann zum gegebenen Zeitpunkt Ihrem Kollegen Ihre Antwort sachlich, ruhig und unmissverständlich und ohne Rechtfertigung mit.

Ich spreche gut auf Aromatherapie an. Gibt es spezielle Essenzen, die die Konzentrationsfähigkeit während des Tages fördern?

Ja, die gibt es. Allgemein aufbauend und konzentrationsfördernd sind Öle aus Zitrusfrüchten, z. B. Zitrone, Grapefruit, Orange, Mandarine, Limette, und Zitronengras. Ein weiterer Klassiker ist Pfefferminzöl. Im Fachhandel gibt es aber auch bereits fertig gemischte Raumsprays, die für das Büro sehr praktisch sind. Eine Alternative dazu sind Duftlampen, für die Sie ebenfalls ätherische Öle benötigen. Bei der Anwendung ist aber Vorsicht geboten, denn Sie müssen darauf achten, dass sich immer genügend Wasser in der Schale über der Kerze befindet. Nur so brennt nichts an. Achten Sie beim Kauf auf hochwertige naturreine Qualität der Duftstoffe.

Gibt es eine gesündere Alternative zum Büro-Kaffee?

Auf jeden Fall! Mein Favorit ist grüner Tee. Er regt an, ohne aufzuregen. Grüner Tee enthält wertvolle Mineralien, Vitamine und Spurenelemente, und er gehört zu den gesündesten Lebensmitteln der Welt. Ich empfehle Ihnen hochwertigen und, wann immer möglich, biologisch angebauten grünen Tee zu kaufen.

Immer montags habe ich große Mühe, aus dem Bett zu kommen, obwohl ich mich auf die Arbeit freue. Wo könnte die Ursache dafür liegen?

Wenn Sie am Wochenende einen völlig anderen Wach-Schlaf-Rhythmus haben als unter der Woche, ist es vollkommen normal, dass Sie sich am Montag mit dem Aufstehen schwertun. Ich empfehle Ihnen, auch über die freien Tage denselben Rhythmus beizubehalten. Das heißt nicht, dass Sie am Freitag, Samstag oder Sonntag nicht später ins Bett gehen können. Es bedeutet nur, dass Sie trotzdem zur selben Zeit am Morgen aufstehen!

Ich vertiefe mich immer sehr in meine Arbeit und vergesse dabei, regelmäßig eine Pause zu machen oder etwas zu trinken. Wissen Sie einen einfachen Trick?

Stellen Sie auf fixe Tageszeiten, also immer dann, wenn Sie eine Pause machen möchten, einen Alarm ein. Es gibt dafür entsprechende Anwendungen auf dem Computer oder Smartphone, die sehr angenehm sind. Nehmen Sie diese Erinnerung aber wirklich ernst. Unterbrechen Sie tatsächlich Ihre Arbeit, gönnen Sie sich eine kurze Pause, und holen Sie sich etwas zu trinken. Viele kleine Pausen sind viel effektiver als eine große.

Auf meinem Schreibtisch herrscht das blanke Chaos. Obwohl ich immer wieder bemüht bin, aufzuräumen und Ordnung zu schaffen, verliere ich schon nach wenigen Stunden wieder den Überblick und gehe in meinen Notizen und Unterlagen unter. Ich habe gehört, dass ein gut strukturierter und aufgeräumter Schreibtisch wichtig ist. Stimmt das? Wenn ja, was kann ich tun?

Ja, das stimmt. Unordnung lenkt ab. Ein Sprichwort sagt: »Chaos auf dem Schreibtisch bedeutet Chaos im Kopf!« Es gibt ein paar einfache Tipps, die Sie sofort umsetzen können. Halten Sie einen Block oder nur ein DINA4-Blatt bereit, um sich während des Tages Notizen zu machen. So haben Sie alles, was Sie nicht vergessen dürfen, an einem Ort und nicht auf Dutzenden kleinen Zetteln, die Sie leicht übersehen können. Wenn Sie etwas davon erledigt haben, streichen Sie es einfach auf dem Blatt durch. Schaffen Sie sich eine Ablage für »HEUTE«, eine für »MORGEN« und eine für »ZUKUNFT« oder »ABWARTEN«. (Es steht Ihnen völlig frei, welche Begriffe Sie wählen.) Alles, was Sie heute erledigen müssen, legen Sie in die HEUTE-Box, auch Unterlagen, die Sie von Ihrem Chef oder Ihren Kollegen bekommen, die an diesem Tag abgearbeitet werden müssen. Alles, was heute keine Priorität hat, geben Sie in das Fach MORGEN. Wenn Sie auf eine Antwort warten oder ein Termin erst am Ende der Woche ansteht, dann legen Sie diese Dokumente in die Ablage »ZUKUNFT«. Ich kenne Menschen, die sich für jeden Tag ein Ablagefach angelegt haben oder sogar Fächer mit dem Datum versehen. Sie erledigen jeden Tag das Fach, das ansteht, ohne sich um irgendetwas anderes kümmern zu müssen. Das macht den Kopf wirklich frei und verhindert, die ganzen Blätterstapel jeden Tag aufs Neue durchforsten zu müssen. Vermeiden Sie auf jeden Fall das Stapeln Ihrer Dokumente. Überprüfen Sie auch sorgfältig, was Sie sofort erledigen und was Sie unmittelbar delegieren können. Sachen, die erledigt sind, legen Sie entweder direkt ab, oder Sie werfen sie sofort weg. Entscheiden Sie sich für wenige, aber gute Schreibgeräte. Bevor Sie abends das Büro verlassen, räumen Sie Ihren Schreibtisch konsequent auf. Schalten Sie alle Geräte aus, und schieben Sie den Stuhl korrekt an den Tisch. Die einfachste Möglichkeit, Ihren Schreibtisch ordentlich zu halten, ist, so wenig wie möglich auf dem Tisch liegen zu haben. Legen Sie auch die Dinge, die Sie benutzen, danach direkt wieder an den dafür vorgesehenen Ort zurück.

Gibt es sinnvolle Snacks für Zwischendurch, die nicht müde machen, sondern Energie schenken?

Es gibt viele Nahrungsmittel, die die Leistungsfähigkeit steigern, die leicht verdaulich sind, gut schmecken, gesund sind und wertvolle Energie liefern. Frische Früchte, z.B. Bananen und Äpfel, Trockenobst, z.B. Datteln und Kokosnuss, Gemüse wie Karotten, Reiswaffeln und vor allem Nüsse füllen die Energiereserven wieder auf. Gut geeignet fürs Büro oder auch für unterwegs sind natürlich Früchte- oder Gemüse-Smoothies. Ganz wichtig ist, dass Sie auch während der Arbeit genügend stilles Wasser trinken. Ein Geheimtipp: Eine heiße Gemüsebrühe zwischendurch wirkt Wunder!

Wie bekomme ich meine Nervosität in den Griff, die mich jedes Mal überfällt, wenn ich öffentlich vor anderen Menschen sprechen muss?
Eine gewisse körperliche und geistige Anspannung vor einem Vortrag oder einer Rede ist absolut normal und natürlich und gehört ganz einfach dazu. Lampenfieber hilft Ihnen, sich zu fokussieren, Ihre Energie zu zentrieren, Ihre Aufmerksamkeit zu steigern, Ihre Kräfte zu mobilisieren und Höchstleistungen zu vollbringen. Ihre Einstellung gegenüber der Nervosität entscheidet darüber, ob Sie sich gehemmt oder unterstützt fühlen. Akzeptanz ist dabei das Schlüsselwort. Außerdem gibt es ein paar nützliche Tricks:

› Lenken Sie Ihre Achtsamkeit auf Ihre Atmung. Zählen Sie Ihre Atemzüge von eins bis zehn. Wiederholen Sie mindestens drei Runden.
› Stellen Sie sich aufrecht hin, schließen Sie Ihre Hände zu Fäusten, und klopfen Sie mindestens zwei Minuten lang Ihre Thymusdrüse, indem Sie auf Ihr Brustbein trommeln.
› Programmieren Sie sich um: »Ich freue mich, dass ich etwas erzählen oder vortragen darf.«
› Seien Sie gut vorbereitet.
› Halten Sie Ihre Notizen auf Kärtchen griffbereit.
› Lernen Sie, mittels Entspannungs- und Mentaltrainings die Nervosität zu Ihrem Vorteil zu nutzen.
› Regelmäßige Meditation hilft Ihnen dabei, versteckte Muster, unheilsame Gewohnheiten, negative Glaubenssätze und Ängste zu erkennen, anzunehmen und loszulassen.

Ich ertappe mich immer wieder dabei, dass ich mich durch meinen selbst auferlegten Perfektionsanspruch unter Druck setze und in Stress gerate. Wie kann ich meine innere Haltung ändern?
Dieser Anspruch an Perfektion geht oft mit einem mangelnden Selbstbewusstsein beziehungsweise mit einem zu schwach ausgeprägten Selbstvertrauen einher. Man entwickelt die negative Überzeugung, dass die eigenen Unzulänglichkeiten, die fehlen-

de Sicherheit oder das schwache Selbstvertrauen über äußere Handlungen kompensiert werden können. Man versucht z. B., anderen zu gefallen, den Mitmenschen ihre Wünsche von den Augen abzulesen. Man kann nicht Nein sagen, will es allen immer recht machen und von allen geliebt werden. Daraus resultiert der unheilsame Zwang oder Druck, keine Fehler machen zu dürfen. Die Akzeptanz, dass wir nicht perfekt sind, dass auch wir Fehler machen werden, dass es immer Menschen geben wird, die uns nicht mögen, denen wir es nicht recht machen können, egal, was wir auch tun, ist der erste Schritt in die richtige Richtung. Es geht darum, das Verlangen abzulegen, Bestätigung und Anerkennung von außen zu bekommen. Ihr Ziel sollte es sein, sich selbst genug zu sein. Diese Qualität muss geübt werden. Es ist wichtig, dass Sie sich aus der Abhängigkeit von der Meinung anderer befreien können und erkennen, dass Fehler und Schwächen einfach zu einem selbstbestimmten Leben dazugehören. Wer sich weigert, Fehler zu machen, nicht bereit ist, sich seine Schwächen einzugestehen oder sich sogar über die eigenen oder über die Fehler anderer definiert, der hat entschieden, sich nicht weiterzuentwickeln und nicht wachsen zu wollen. Wichtig ist auch, die eigenen Perfektionsansprüche nicht auf sein Umfeld zu übertragen, denn das macht nicht nur einsam, sondern auch unbeliebt, und es ist zudem nicht gerechtfertigt.

Wie finde ich meine Berufung, oder wann weiß ich, dass ich sie gefunden habe?

Indizien, dass Sie Ihre Berufung gefunden haben, können zum Beispiel folgende sein:
› wenn Sie morgens mit einem Lächeln aufstehen
› wenn Sie sich bereits am Sonntag auf den Arbeitsstart am Montag freuen
› wenn Sie Ferien nehmen, aber nicht wirklich Erholung brauchen
› wenn Sie in Ihrem Beruf aufgehen

› wenn Sie sich mit Ihrer Tätigkeit identifizieren können
› wenn Sie all Ihre Begabungen und Talente zur Entfaltung bringen können
› wenn Sie nicht den Mut oder die Motivation verlieren, auch wenn es mal schwierig wird
› wenn Sie an Herausforderungen wachsen
› wenn Sie Probleme als Chance erkennen
› wenn der Lohn nicht die Hauptrolle spielt
› wenn Anerkennung und Status nicht erste Priorität haben
› wenn Sie bereit sind, Verantwortung zu übernehmen
› wenn Sie in Ihrer Arbeit aufblühen und andere mit Ihren Fähigkeiten berühren, begeistern, ihnen helfen, sie unterstützen oder verändern können
› wenn Ihnen die Arbeit Sinn, Energie und Lebensfreude schenkt

Ich verbringe jeden Tag viele Stunden am Computer. Gibt es eine einfache Übung, wie ich zwischendurch meinen Körper bewegen und meine Energien dadurch wieder zum Fließen bringen kann, ohne, dass ich gleich das Büro verlassen muss?

In erster Linie ist Vorbeugung entscheidend. Achten Sie auf eine aufrechte Sitzhaltung. Stellen Sie Ihre Füße parallel und flach auf dem Boden ab. Entspannen Sie Ihre Schultern, während Sie schreiben. Wechseln Sie alle paar Stunden die Hand, mit der Sie die Computermaus bedienen. Verhindern Sie unbedingt die sogenannte Schildkröten-Haltung, d. h., ziehen Sie Ihr Kinn immer wieder zurück. Halten Sie die Halswirbelsäule aufrecht. Entspannen Sie auch immer wieder Ihre Gesichtszüge. Um trockene Augen zu benetzen, können Sie gähnen. Passen Sie auf, dass der Bildschirm nicht zu nahe steht. Trinken Sie genügend, und sorgen Sie für ausreichend frische Luft, indem Sie regelmäßig Ihr Büro lüften.

› Ein einfacher Tipp ist, dass Sie im Stehen telefonieren oder kurz aufstehen, wenn jemand Ihr Büro betritt, um etwas zu besprechen oder abzugeben.

- Eine einfache Übung auf dem Stuhl ist es, den ganzen Körper zu recken und zu strecken und den Kopf sanft in alle Richtungen zu bewegen bzw. den Hals zu dehnen.
- Auch das Gelenkkreisen hat sich sehr gut bewährt. Beginnen Sie dabei mit den Fußgelenken. Kreisen Sie dann die Knie-, danach das Hüft-, die Schulter-, die Ellbogen- und die Handgelenke nacheinander erst linksherum und dann rechtsherum.
- Ihre Augen können Sie einfach entspannen, indem Sie von oben nach unten schauen, von links nach rechts, Ihre Augen rollen und dann für eine Minute Ihren Blick in die Ferne schweifen lassen. Anschließend reiben Sie Ihre Handflächen aneinander, bis eine angenehme Wärme entsteht. Schließen Sie Ihre Augen, und legen Sie die Handflächen darüber. Genießen Sie die Energie und die Entspannung.
- Auch die Klopfübung eignet sich gut, um die Durchblutung und den Energiefluss zu fördern. Klopfen Sie mit der hohlen Hand, also mit leicht gekrümmten Fingern, Ihren ganzen Körper behutsam von oben nach unten ab. Sie können sowohl das Gelenkkreisen als auch die Klopfübung im Stehen oder Sitzen durchführen.

Es gibt aber auch eine ganze Reihe von sehr einfachen Yoga-Übungen, die Sie auf dem Stuhl sitzend ausführen können. In meinen Kursen »Yoga auf dem Stuhl« habe ich viele »Schreibtischtäter«, die die Übungen in Ihren Büroalltag übernehmen. Halten Sie doch einmal Ausschau, ob in Ihrer Nähe ein ähnlicher Kurs angeboten wird. Ich kann Ihnen das von Herzen empfehlen.

Was ist in Ihren Augen ein guter Arbeitnehmer, und welche Eigenschaften zeichnen einen guten Arbeitgeber aus?

Ein guter **Arbeitgeber** fördert seine Mitarbeiter. Er unterstützt Sie individuell, also nach Ihren Bedürfnissen und Fähigkeiten ausgerichtet, er unter- und überfordert sie nicht. Er agiert zum Wohle aller und strebt ein gesundes Wachstum an. Er sät Vertrauen und Verständnis und fördert die Offenheit und eine aktive, ehrliche Kommunikation. Ein guter Arbeitgeber verliert nie das große Ganze aus den Augen, er sagt, was getan werden muss, und er tut, was er sagt. Er lässt seine Mitarbeiter am Erfolg teilhaben, er ist kritikfähig, offen für neue Ideen, Erfahrungen und Wege. Sein Verhalten ist geprägt von Toleranz und Respekt. Er wählt und geht den mittleren Weg und kultiviert seinen Geist, trainiert seinen Körper, achtet auf seine Gesundheit und trifft verantwortungsbewusste Entscheidungen. Er schützt die Umwelt und trägt seinen Teil dazu bei, das Leben aller zu verbessern und die Welt zum Positiven hin zu verändern!

Und ein guter **Arbeitnehmer?** Ihn zeichnen genau dieselben Qualitäten aus!

> Es gibt nur eine Zeit, in der es wesentlich ist,
> aufzuwachen. Diese Zeit ist JETZT.
> Buddha

GEDANKEN ZUM SCHLUSS

Es gibt nur ein Leben: unser Leben. Eine Trennung von Arbeit und Beruf ist genauso unsinnig, wie das Meer von den Wellen oder den Geist von unseren Gedanken unterscheiden oder abgrenzen zu wollen. Das eine bedingt das andere beziehungsweise geht aus ihm hervor.

Trainieren Sie Ihre Buddha-Qualitäten. Entwickeln Sie eine vorbildliche Haltung, gehen Sie mit gutem Beispiel voran. Kultivieren Sie einen friedvollen und freundlichen Umgang bei Ihrer Arbeit. Tragen Sie in Ihrem Beruf dazu bei, dass Leben geachtet und geschützt wird. Fördern Sie Rücksicht, Liebe, Verständnis und Hilfsbereitschaft. Kommunizieren Sie, und tragen Sie Konflikte konstruktiv aus. Teilen Sie Ihr Wissen und Ihre Erfahrungen, und schließen Sie sich mit anderen zusammen. Gehen Sie den Weg der Achtsamkeit, der Sammlung und der Befreiung. Überprüfen Sie Ihre Handlungen immer auf die zugrunde liegende Absicht. Vermeiden Sie Ursachen, die zu Leid, Kummer und Schmerz führen, und fördern Sie die Aktionen, die Freude, Frieden und Glück nähren und hervorbringen.

Umfragen zufolge ist jeder Vierte mit seiner Arbeit unzufrieden. Falls Sie sich dazuzählen, dann übernehmen Sie die Verantwortung für Ihre Leben. Fragen Sie sich: Was nervt mich? Was stimmt nicht? Was will ich wirklich? Wo liegen meine Fähigkeiten? Weshalb bin ich noch dort? Was hindert mich daran, mir eine neue Arbeit zu suchen oder einen ganz anderen Beruf auszuüben? Bin ich tatsächlich mit der Arbeit unzufrieden oder vielleicht doch mit mir selbst?

Verändern Sie das, was Sie verändern können! Legen Sie die Opferrolle ab. Trainieren Sie Ihre »Nehmer-Qualitäten«, d. h., lernen Sie, auch mit schwierigen Situationen konstruktiv umzugehen. Denken Sie richtig, um sich gut zu fühlen. Zeigen Sie mit dem Finger nicht auf andere. Erkennen Sie, dass dabei immer drei Finger auf Sie selbst gerichtet sind.

Ob wir in unserem Beruf glücklich oder unglücklich sind, ob wir mit unserer Tätigkeit zufrieden oder unzufrieden sind, entscheiden wir selbst. In jedem Augenblick, Sekunde um Sekunde, Stunde für Stunde, tagein, tagaus erzeugen wir neue Ursachen, säen neue Samen, die in der Zukunft neue Wirkungen hervorbringen und neue Früchte tragen werden. Es spielt eine entscheidende Rolle, was und wie wir denken. Denn mit unseren Gedanken formen wir nicht nur uns selbst, sondern auch die Welt. Wir sehen die Welt so, wie wir denken. So, wie wir denken, fühlen wir. Und so, wie wir fühlen, handeln wir.

Es ist an der Zeit, dass wir aufwachen, uns unserer Verantwortung wieder ganz bewusst werden und unsere Möglichkeiten erkennen und das unerschöpfliche Potenzial, das sich dahinter verbirgt, vollends durchschauen!

Ich wünsche Ihnen auf Ihrem Lebensweg ganz viel Gelassenheit, Vertrauen und Freude. Mögen Sie Ihre wahre Berufung finden, die Sie sowohl körperlich als auch geistig erfüllt und stärkt und die Ihnen und Ihren Mitmenschen Frieden, Bewusstsein, Energie und Liebe schenkt. Wählen und üben Sie einen Beruf aus, den Sie lieben – dann müssen Sie nie mehr arbeiten!

Ihre Sandy Taikyu Kuhn Shimu

> Wir sind alle nur EIN RESULTAT dessen,
> was wir gedacht haben.
> Buddha

WORTE DES DANKES

Meine Verbundenheit und meine Dankbarkeit gehen an Heidi und Markus Schirner, die immer offen für neue Projekte und Ideen sind. An Katja Hiller, die mit viel Gespür meine Texte überarbeitet. An das gesamte Grafikteam des Verlags, alle dort verleihen mit ihrer kreativen Arbeit meinen Büchern eine ganz wundervolle und persönliche Note. An meinen Mann Fredy, der meine Aussagen wohlwollend kritisch hinterfragt und mir wertvolle Impulse schenkt. An meine Schülerinnen und Schüler, die mich motivieren und reflektieren. An das Leben und an alle vergangenen, gegenwärtigen und zukünftigen Buddhas dieser Welt. Danke, dass ich von meinen Leserinnen und Lesern getragen werde und so viel gute Gesinnung, Hingabe und Herzlichkeit erfahre.

ZUR AUTORIN

Sandy Taikyu Kuhn Shimu, Zen-Meisterin, Künstlerin und Autorin, ist hauptberuflich als Lehrerin und Ausbilderin in den Bereichen Kung Fu, Yoga, Qi Gong und Zen und als Beraterin tätig. Sie entwickelte das WU LIN Prinzip sowie eine eigene Beratungsmethodik, das WU LIN Zen-Coaching. Außerdem ist sie Mitbegründerin der WU LIN Organisation und der WU LIN Zen-Linie. Sie legt großen Wert auf die Verbindung und die Anwendbarkeit der traditionellen Lehren in der Praxis und im modernen Alltag. Sandy Taikyu Kuhn Shimu findet ihre Erfüllung im Schreiben und im Unterricht ihrer Schülerinnen und Schüler im In- und Ausland.

Weitere Informationen zur Tätigkeit der Autorin finden Sie unter:
www.taikyu.ch
blog.taikyu.ch
www.wulin.ch | www.wulintempel.ch

BILDNACHWEIS

Bilder von der Bilddatenbank www.shutterstock.com
Umschlag unter Verwendung von #174238733 (Africa Studio) und #93175468 (apiguide), #173933342 (Nikiteev_Konstantin), #196344845 (Masson)

Dekoelemente: #173933342 (Nikiteev_Konstantin), #74677840 (Cienpies Design), #109819040 (Malysh Falko), #117734044 (tristan tan)

S. 2: #93175468 (apiguide), S. 2: #174238733 (Africa Studio), S. 6: #193149788 (apple2499), S. 12: #201520721 (Boonsom), S. 22: #130732808 (Bernice Williams), S. 30: #163564238 (john michael evan potter), S. 40: #97351022 (S_L), S. 49: #138731144 (Kitsadakron_Photography), S. 51: #198114062 (panotthorn phuhual), S. 52: #146399102 (Im Perfect Lazybones), S. 61: #167930180 (Vitaly Maksimchuk), S. 62: #94604332 (Nemeziya), S. 69: #146399183 (Im Perfect Lazybones), S. 71: #155490962 (Jeanette Dietl), S. 72: #150200261 (ra2studio), S. 80: #1282456 (EcoPrint), S. 94: #163112354 (sergign), S. 101: #182016776 (Wasu Watcharadachaphong), S. 102: #53634259 (artkamalov), S. 109: #191380949 (Lisa S.), S. 110: #125681588 (Gena96), S. 127: #70764775 (Mikhail hoboton Popov), S. 133: #99558347 (Bablo), S. 139: #142978834 (Zhukov Oleg), S. 145: #72191956 (Menna), S. 158: #121127755 (ra2studio), S. 168: #196344845 (Masson), S. 172: #205831600 (tiverylucky)

Bilder der Mudras (S. 120, S. 126, S. 132, S. 138, S. 144, S. 150, S. 156): Fredy Jundo Kuhn Shifu

Weitere Titel der Autorin erschienen im

Was dein innerer Buddha dir zu sagen hat
Entdecke deinen edlen Kern! (Kartenset)
978-3-8434-9043-6

Begegne dir selbst in der Stille
Freiheit beginnt mit deinen Gedanken (Geschenkbuch)
978-3-8434-1104-2

Wenn Kirschblüten fallen
Impulse, die den Geist beflügeln (Geschenkbuch)
978-3-8434-1056-4
Wenn Kirschblüten fallen – Geführte Meditationen, die den Geist befreien (CD)
978-3-8434-8204-2

Im Angesicht des Todes – und jetzt?
Übungsbuch zur Integration und Akzeptanz des Unvermeidlichen (Buch)
978-3-8434-1079-3
Vergeben, Heilen und Loslassen im Angesicht des Todes –
Geführte Meditationen (CD)
978-3-8434-8221-9

Mit Buddha Tee trinken – Eine Einführung in die chinesische Teezeremonie (Buch)
978-3-8434-1033-5

Erwecke den Krieger in dir
Das WU LIN-Prinzip (Buch)
978-3-8434-1057-1

Erleuchtung zum Frühstück – Nimm dir Zeit zum Leben –
Achtsamkeit im Alltag (Buch)
978-3-8434-1078-6
Erleuchtung zum Frühstück – Zen im Alltag (Kartenset)
978-3-8434-9029-0

Was die Energie zum Fließen bringt
Der kleine Energieratgeber für jeden Tag (Buch)
978-3-8434-5069-0
Kleine Energiequellen für jeden Tag (Buch)
978-3-8434-5083-6

Stark aus der inneren Mitte
Frühstücken im Zen-Geist (Buch)
978-3-8434-5084-3

Das Tao der Worte
Zen-Geschichten, die das Herz und den Geist bewegen (Geschenkbuch)
978-3-8434-1110-3